故事
如數家珍

說學逗唱

認識節日

虎大歪說節日緣起
狗小圓吃慶典美食

王家珍◆著
洪福田◆繪

推薦序

——從母老虎阿珍到虎大歪

林世仁 兒童文學作家

家珍是我「童書寫作班」的學姊，寫作甚早，成名也甚早。她大學便開始在《國語日報》發表作品，那時我還不知道「童話」是什麼。我的第一本童話集在一九九五年出版時，她的第一本童話集《孩子王．老虎》已經早三年，於一九九二年得到中國時報的年度最佳童書獎，隔兩年又跨海獲得宋慶齡兒童文學獎。第一本書便如此先聲奪人、驚動萬教，臺灣的童話創作者中大概少有人及得上。

家珍也是我在漢聲出版社的「前期同事」，她在漢聲最輝煌的時期任職，我則是漢聲的後段班。我沒見過她，卻聽過她的傳說。總編輯不止一次提到她來應徵時寫的〈斗笠蛙〉，頻頻誇讚是聰明之作！

第一次和家珍同臺，是一九九五年民生報和小兵出版社為當年新書舉辦的「聯合發表會」。這一場讓我見識到家珍的談吐大方和把童話連結到生活裡的「超能力」——她的靈感竟然是貓頭鷹叨到窗口來的！從那一次開始，我們便成為民生報系的同門好友，這條友誼線一牽，就持續到現在。

寫作早、成名早的家珍，有一段時間卻在出版上潛沉了下來。同為創作者，我相信出書不順、對書市和閱讀現象的疑惑，對她的打擊一定很大，但是她從不曾放下筆，仍然持續創作。她在寫，在觀看，在等待。

家珍屬虎，愛寫老虎。老虎不冬眠，只是在等待時機伸出爪子。這幾年，家珍新舊作品左右開弓，接續上市。舊作重新潤澤，新作在童話之外，更專注於成語、節氣、節日，大有為傳統文化鳴不平之勢，可謂虎吼一聲重出山林，近期一吼便是這一本節日相聲。

在「童書寫作班」裡，為兒童寫相聲的人極少。早前，馬景賢老師曾經努力耕耘過，現在，家珍好像隔空接了馬老師的棒子，以大頭珍特有的「犀利老師＋童心弄臣」語調，為兒童獻上全新段子。節日的選擇，有傳統、有西方、有宗教，是一個「家珍精選版的節日集」。虎大歪和狗小圓再次攜手合作，為大家逗嘴逗笑逗知識。版畫家洪福田也再展新技，突破上一本節氣的格框，讓版畫線條成為插圖的新元素。珍福聯手，已成這兩本相聲書的正字標記。

家珍在寫作路上，一出手便是高點，中間往下潛沉，近年又開始往上揚升。這過程，不就是一個微笑曲線嗎？

從最初的「母老虎阿珍」到現在的「虎大歪」，家珍始終保持她品評時勢的正義之聲（這是好朋友獨享，書裡看不到）和幽默之聲（很幸運，書裡都是）。家珍和字畝的合作，顯然開啟了家珍又一個光燦的寫作新紀元，我想，是她外暖內熱的個性，讓她長跑出了這一段童書好風景。

祝福家珍！也祝福閱讀到這本書的大小朋友——知識如虎大歪，逗趣如狗小圓！

創作者的話——

大頭珍、冬瓜標，再度聯手出「集」！

王家珍、洪福田

大頭珍：大家好，我是作者王家珍，綽號「大頭珍」，名字可能取錯，綽號絕對錯不了，看我的頭有多大就知道。

冬瓜標：大家好，我是繪者洪福田，綽號和作品一樣多，有些還隨著年紀改變。朋友要虧我就叫我「小田田」，我小時候叫小福，長大之後變成大福。

大頭珍：大福！聽起來很好吃，不知道你是什麼口味的大福呀？

冬瓜標：我還有個綽號叫「冬瓜標」，所以是冬瓜口味的大福。

大頭珍：你就愛說笑！可是我左看右看，都不覺得你像冬瓜？莫非你特別愛吃冬瓜？

冬瓜標：不不不，你看我這身材，五短三粗，有沒有讓你聯想到冬瓜？

大頭珍：你長得是不像巨人那樣高，但也沒特別矮，勉強算起來，也只有身高略短一些，哪來的五短？手伸出來我看看，莫非你的手指頭像甜不辣一樣短？

冬瓜標：你誤會了，「五短」指的是脖子和四肢都很短。

大頭珍：原來如此！不過，我長這麼大，只吃過活魚三吃，沒聽說過五短三「吃」，難不成有活人三「吃」？好嚇人。

冬瓜標：你又誤會了，我說得是身材的「三粗」，分別是胳膊粗、腿粗和腰粗。

大頭珍：哎呀，一字之差，天壤之別。我還有個疑問，你名叫洪福田，綽號的「標」字所為何來？

冬瓜標：哈哈哈，不是我吹牛，我可是「頂港有名聲，下港上出名」的「尪仔標」（印著各式圖案的圓形紙牌，是一種傳統童玩）高手，打遍天下無敵手，都找不到對手，呵呵呵。

大頭珍：失敬失敬。不是我膨風，我可是遠近馳名的橡皮筋神射手，我倆湊在一起真是棋逢對手，難怪我們第一次合作就轟動武林、驚動萬教！

冬瓜標：不敢不敢，《說學逗唱，認識二十四節氣》入選二〇一九年好書大家讀的年度好書，很快就再刷，都是托你的福，也承蒙讀者厚愛。

大頭珍：怎麼提到書你就謙虛了起來。你的名字叫福田，家住臺南，果真是福星高照、「南」田生玉、百年難得一見的才子，全都是托你的福氣與才能，你就別客氣了。

冬瓜標：相聲不是要互虧互損嗎？你這樣公開讚美我，害我不知道要如何往下接……

大頭珍：我是實話實說，你把虎大歪和狗小圓畫得靈活生動，我是該好好謝謝你，感恩節來我家，招待你火雞肉飯吃到飽。

冬瓜標：我們一家三口，說好了有福同享、有好料一起嘗，難得你要請吃飯，我們全家一個都不能少。不過，只有火雞肉飯，沒有小菜和甜點，菜色有點少，可能會吃不飽。

大頭珍：如果只是要請你吃飯，火雞肉飯就可以打發；倘若要招待你們全家，就得張羅一桌滿漢全席才夠看。請你們耐心等待，等到我最喜歡的節日再邀請你們來共襄盛舉。

冬瓜標：你得先說你最喜歡哪一個節日，我才知道還要等多久。該不會要等到猴年馬月吧？

大頭珍：我最喜歡的是聖誕節，除了有美味的聖誕大餐，還可以和親朋好友交換禮物。我從小就是天主教徒，聖誕節早上的彌撒結束後，神父會發禮物給大家，不論是乖孩子還是調皮蛋，每個人都有，那些禮物好吃又好玩，是我貧乏窮困的童年生活最甜美的回憶。你最喜歡哪一個節日呢？

冬瓜標：我啊，最愛中秋節，佳節烤肉萬家香，柚子香甜好滋味，還可以點燃仙女棒來玩。小時候中元普渡祭品擺滿桌，零食飲料樣樣多，沒想到拜完之後，阿母卻不准我們吃，說要放到中秋節配月餅才好吃。阿母覺得自己好聰明，既省錢又能物盡其用，一舉兩得。從中元到中秋，整整一個月，我們只能用眼睛「視」吃，真是有夠煎熬。中秋節是盼望的終點，所以我最愛中秋節。

大頭珍：小福好乖！我這個饞鬼一定會偷吃，從中元偷吃到中秋，一點一滴把好料吃光光。不過，我膽子小，怕黑又怕鬼，最怕中元節，一想到街道上可能有許多從陰間回來陽間度假的鬼魂，一不小心就可能和他們擦身而過，我就頭皮發麻。你最怕哪一個節日？

冬瓜標：嗯，我現在最怕過年。從過年前送神、拜祖先、拜地基主、拜門口……到初九拜天公，之後還有元宵節，累積了不少供品，阿母擔心食物壞掉浪費，要我們通通吃掉，從除夕圍爐一路吃到元宵，每天都雞鴨魚肉吃到飽，體重數字瞬間暴增，太可怕了。

大頭珍：小時候身體健康消化好，偏偏物資缺乏東西少，不能吃個痛快；長大以後美食堆積如山任你吃，卻得忌口與養生，還要控制體重，真是時不我與。

冬瓜標：是呀！想吃要趁早。以前的月餅口味少，一盒四大個，小時候的我常幻想，如果能自己獨享一個大月餅，一定很過癮，現在的月餅小小一個，吃幾口就覺得膩了。

大頭珍：你講到月餅，我就想起中秋節「交換月餅」的往事，我們家往年都會收到很多月餅禮盒，因為不喜歡吃金華火腿和有肥肉的五仁月餅……

冬瓜標：金華火腿？五仁月餅？都是我最喜歡的月餅口味，給我，給我，通通都給我。

大頭珍：你那時候還沒出生吧！以前的禮盒包裝很簡單，只有用一條塑膠繩打蝴蝶結綁住，我們會趁爸媽不注意，把禮盒拆開，將月餅重新分配，準備拿出去送人的禮盒，裡面全裝滿了我們不愛吃的口味，預計自己留著吃的月餅，全都是我們愛吃的口味。

冬瓜標：雖然你們的行為很「賊」，不過你們真是太不識貨了，收到你們家月餅禮盒的親友一定會覺得太讚了，全都是好吃又珍貴的口味。

大頭珍：哎呀，小時候能吃卻不識貨，現在想吃也沒辦法當吃貨了，月餅只能淺嘗即止，多吃幾口就發福。每年中秋見到月餅禮盒時，就會想到跟兄弟姊妹分工合作偷換月餅的往事。你有什麼難忘的過節經驗嗎？

冬瓜標：小時候天真到有點呆，竟然把穿過的臭襪子掛起來當做聖誕襪，等著聖誕老公公來送禮物。隔天發現書桌上有一張五十元鈔票（直到一九九二年之前，五十元都是鈔票喔），和一張寫著「用𠬠功讀書」的字條，字條還有塗改過的痕跡，當時以為是聖誕老公公禮物送完了，改發現金，好高興。後來才知道，現金和紙條都是阿爸的傑作，現在想到還是心暖暖的，好感動。

大頭珍：你的回憶裡有洋蔥，聽得我萬分感動，令尊為我們展現了過節最重要的意義——透過分享與付出，營造溫馨的過節氣氛，留下美麗的回憶。

冬瓜標：是呀！一張五十元的鈔票與小紙條，讓我看見阿爸溫柔的一面，留下無價的回憶。我很努力，希望能跟阿爸看齊，為孩子多創造一些溫暖的回憶。

大頭珍：那你得把握時機，趁早努力。就像我，小時候最愛過年，過年長一歲，穿新衣、買新鞋，還有紅包拿；長大怕過年，過年老一歲，不再為了新年買衣鞋，從拿紅包變成發紅包，過年變成我又愛又怕的節日。哪一個節日讓你又愛又怕？

冬瓜標：母親節讓我又愛又怕。我的生日和母親節相近，有時還是同一天，和媽媽、太太一起切蛋糕，讓我又愛又怕。

大頭珍：和媽媽、太太一起慶生，為什麼會讓你又愛又怕呢？

冬瓜標：疼愛我的媽媽不斷跟我說，蛋糕多吃點；關愛我的太太卻說，甜點對身體不好，蛋糕少吃點。夾在兩個偉大的女人中間，讓我不知道該聽從誰的指令，真的好為難。

大頭珍：哈哈哈，除了快樂溫馨的回憶，尷尬不自在的感覺，也是讓人難以忘懷卻又不可避免的過節體驗。哎呀！你偉大的太太站在你後面，她看起來有點火！

冬瓜標：媽呀，快逃！

目錄

迎新春

孝於親

慶豐收

好過年

前言——虎大歪、狗小圓談「過節」

虎大歪、狗小圓，說學逗唱，上臺一鞠躬

虎大歪：大家好，我是虎大歪。生肖屬虎，見多識廣膽子大，什麼都能講，就是不想講我的年紀、體重和歪理；什麼都懂，就是搞不懂笨蛋在想些什麼。（指指狗小圓）

狗小圓：大家好，我是狗小圓。生肖屬狗，心直口快年紀小，什麼都愛吃，就是不吃虧、不吃苦；什麼都會，就是不會不懂還裝懂。（指指虎大歪）

虎大歪：他們把學問淵博、帥氣爆表的我，和你這個貪吃鬼湊一

對，肯定是為了互補，希望能提升你的常識和素養。

狗小圓：沒錯！我處事圓融人緣好，剛好和脾氣火爆惹人嫌的你互補湊一對，肯定可以加強你的人氣與聲量。

虎大歪：不知道你是哪來的自信，自我感覺這麼良好，咱們還是言歸正傳，不要再互相傷害了。今天是個好日子，讓我們敞開心胸、拋棄既有的成見來談「過節」。

狗小圓：「過節」？那可有得講了。俗話說得好，「冰凍三尺，非一日之寒」，我們之間的「過節」太廣太深，三天三夜也講不完。

虎大歪：你別以小人之心，度君子之腹。我講的是世界各地如何「過節」，包括應景的節日美食和特殊的慶典，和你這小鼻子小眼睛的小氣鬼說的私人「過節」不一樣。

狗小圓：原來此「過節」非彼「過節」，意思天差地別，

都怪你沒說清楚，害我誤會。

虎大歪：我覺得節日是人類文明史上最棒的發明，搭配節氣，再加上親朋好友的生日和特殊紀念日，節日慶典美食多，一年時光匆匆過。

狗小圓：說得一點都沒錯！我認為完美的節日必須具備幾個要件：首先，我愛熱鬧，過節時最好有親朋好友簇擁圍繞；再來，應景的美食佳餚愈多愈好；而最重要的是紅包、禮物不可少，能放假就更好。

虎大歪：那我們就來好好盤點一下各個節日。首先，國曆一月一日是元旦，放假一天。

狗小圓：元旦是個好節日！新年第一天就放假，在家擬定新年計畫，展望未來，正所謂「好的開始是成功的一半」。

虎大歪：小圓，你就直接說是熬夜跨年太累人，在家補眠一點也不丟人，不必瞎扯什麼展望與計畫來騙人。

狗小圓：我上午補眠，下午擬計畫，除了和爸媽討論除夕圍爐的菜色，還要研究拜年路線和走春地點，我這叫超前部署，真心不騙。

虎大歪：農曆正月初一是春節，「爆竹聲中一歲除」，「五更歡笑拜新年」。春節期間，出門是得好好規畫，免得塞車掃興，不過這是大人要擔心的事，和你沒關係。

狗小圓：怎麼會沒關係！春節可是一年當中最完美的節日，美食吃不完，連假好幾天，還有紅包拿。我不擔心塞車，只煩惱紅包被充公，如果爸媽心情好，也許紅包就會被沒收的少。

虎大歪：我教你唱〈正月調〉，這首歌輕快討喜，大人聽了心情好，包準你歡喜過春節，紅包多到數不完，元宵可以到處玩，北（平溪）天燈、南

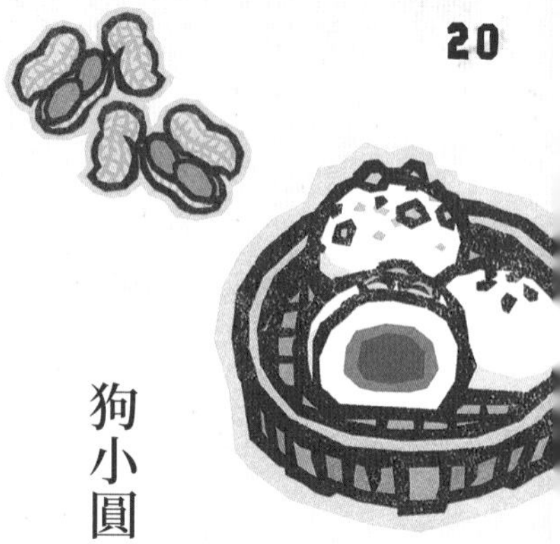

（鹽水）蜂炮、東（臺東）寒單、西（澎湖）乞龜，東西南北都可以玩得不亦樂乎。

狗小圓：元宵節又稱「小過年」，雖然不放假，不過美食多，慶典也多，滾元宵、提燈籠、逛燈會、猜燈謎……好吃又好玩。過了這一天，春節就正式畫下句點，我傷心。

虎大歪：你別難過！農曆二月初二是龍抬頭，又叫「春龍節」。這天要理頭髮，還要吃「龍食」，得把好吃的麵食都吃過一輪，乾麵、湯麵、牛肉麵，餛飩、水餃、麵疙瘩，餡餅、捲餅、蔥抓餅……

狗小圓：你說得我口水流滿地。二月二也是土地公的生日，要準備土地公愛吃的花生、麻糬和酒當做供品。

虎大歪：小孩不能喝酒，大人也要淺嘗即止。到時咱倆一起逛市場，買好吃的麻糬和水煮花生，吃個過癮。

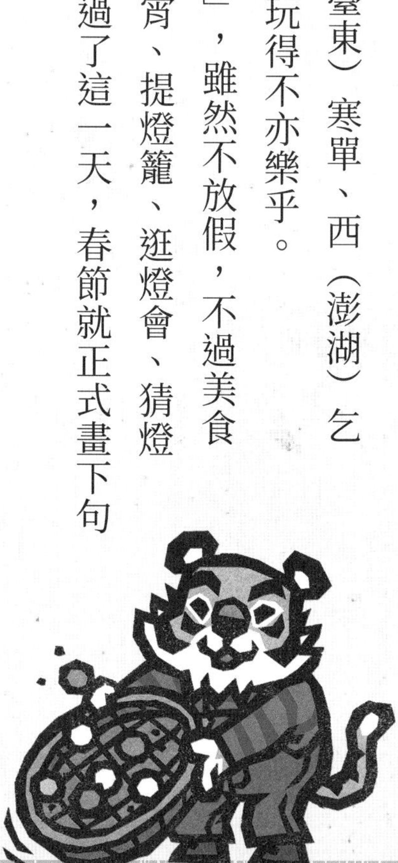

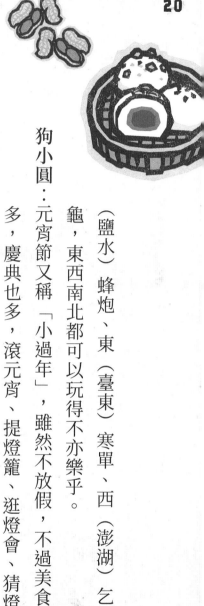

狗小圓：你提了春節、元宵節和春龍節，卻跳過西洋情人節，是不是找不到人和你過節？早點跟我說，我可以陪你。

虎大歪：想跟我過情人節，得先排隊領號碼牌，你排一百零一號。有些節日是大人專屬，和你沒關係。除了情人節，還有婦女節、白色情人節、青年節，等我過完這些節，才會輪到你最期待的兒童節。

狗小圓：你漏掉了一個很重要、專屬於你的節日！

虎大歪：有嗎？我漏了什麼節？

狗小圓：國曆四月一日的愚人節呀！等你過完愚人節，我才能慶祝兒童節。四月四日兒童節，我們兒童最快樂，左手拿禮物，右手拿零食，如果能去遊樂園玩耍就更讚了。

虎大歪：愚人節明明就是你的專屬節日！難怪人家說「囝仔人，有耳無嘴」，你

講話口無遮攔，還是少開口的好。清明節，天清地明百花開，我本來想辦個潤餅野餐會，再帶你去放風箏，體驗古人「斷鷂放災」的習俗……

狗小圓：大歪大歪別生氣，你帶我去放風箏，我帶你去看戲。

虎大歪：小圓小圓別騙我，先說好要看什麼戲？

狗小圓：農曆五月五，看划龍舟慶端午。

虎大歪：你從清明直接跳到端午，忘了還有母親節，你媽真是白疼你了。

狗小圓：我沒有忘記，禮物早準備好了。開學時老師要我們化身小記者，近距離採訪爸爸媽媽，寫篇他們的專訪。我趁機詢問他們的願望清單，還調查他們小時候如何幫爺爺奶奶過節，當做我的送禮指南。

虎大歪：如果爸爸想要私人飛機、媽媽想要豪華大別墅，你可怎麼辦？

狗小圓：那還不簡單，把飛機和別墅畫在卡片上送給他們就好了呀，小事一樁！

虎大歪：你這是便宜行事的做法，感受不到你的真心誠意。

狗小圓：幸好我爸媽不像你這麼貪心，對我獅子大開口，幾張搥背券我媽就笑開懷，爸爸也只要我乖。如果你想要飛機和別墅，我可以做給你，不是我吹牛，我是積木專家，什麼都組得出來！

虎大歪：別別別，你的好意讓我聯想到日本中元節的祭品——「精靈馬」，日本人會把茄子和小黃瓜做成牛和馬，擺放在玄關或祭壇，當做陰間的祖先往返陽間的交通工具。希望你謹言慎行，別犯了鬼月禁忌，免得拖我下水。

狗小圓：大歪你別迷信，我覺得中元和中秋差不多，都很適合賞月，只要白天不做虧心

事，半夜就不怕鬼敲門，鬼月也可以出門。

虎大歪：明明就差很多！中元節的傳說是目蓮救母，習俗是普渡、搶孤、放水燈；中秋節的故事是嫦娥奔月和吳剛伐桂，活動是烤肉配柚子，賞月吃月餅。

狗小圓：這吳剛肯定是個調皮蛋，才會被嫦娥「罰跪」。他究竟是犯了什麼錯？跪了這麼久還不能起來，膝蓋一定很痛。

虎大歪：你真是沒常識，吳剛伐桂是指吳剛拿著斧頭砍伐大桂樹，才不是被「罰跪」。

狗小圓：吳剛砍了那麼久，桂樹仍然屹立不搖，不是桂樹太大，就是他力氣太小，應該請登月的太空人帶把電鋸給他。吳剛年紀一大把了，也該從中秋節的傳說退休，改過重陽節，享享清福啦！

虎大歪：重陽節又稱「敬老節」，好料跟山一樣多，像是麻糬、壽桃、發糕、重陽糕、菊花糕、豬腳麵線、羊肉麵……美食

多到目不暇給。你從年初吃到年尾，日子過得好快活，嫦娥和吳剛肯定只羨小圓不羨仙。

狗小圓：不只神仙羨慕我，萬聖節的妖魔鬼怪也想變成我，可以到處要糖果，只要說「不給糖就搗蛋」，糖果就多到吃不完，真希望每天都是萬聖節。

虎大歪：你這個小鬼頭，比妖魔鬼怪還可怕，拿到糖果照樣搗蛋。如果每天都是萬聖節，你早就滿嘴蛀牙。萬聖節和感恩節都是外來的節日，不過感恩節溫馨多了，除了和家人團聚，還提醒我們要抱持感恩的心。

狗小圓：我們班有個美國來的新同學，邀請我去他們家過感恩節。聽說外國人的感恩節大餐菜色很豐盛，有巨無霸烤火雞、馬鈴薯泥、青豆砂鍋、玉米、地瓜、麵包、南瓜派，和我們的除夕圍爐有得比。

虎大歪：輸人不輸陣，你吃火雞大餐，我吃嘉義火雞肉飯。感恩節

的火雞就像七月半的鴨子，在劫難逃，插翅也難飛，只有被美國總統特赦的火雞可以安享天年，讓我們一起為可憐的火雞默哀三十秒。

狗小圓：我才可憐！感恩節隔天就是黑色星期五，很多人會徹夜不睡在賣場排隊，等著採購聖誕禮物。我也想去湊熱鬧，可惜爸爸不帶我去。

虎大歪：爸爸不讓你去是為你好，賣場人擠人，你這個矮冬瓜，肯定會被人群擠到哭著找爸媽。你不必費心張羅我的禮物，只要寫張聖誕卡表達心意，再把收到的聖誕節點心跟我分享，我就很滿足了。

狗小圓：我才不是為了你，你少臭美了！爸爸老是忘記我「想要」什麼聖誕禮物，還經常被媽媽誤導，買了我「需要」的文具禮盒。如果我能陪他一起去採買，就能送禮送到我的心坎裡啦！

虎大歪：乖寶寶才有禮物，你這個調皮蛋，有禮物就要偷笑了。聖誕節前腳剛過，元旦後腳就到，如果你要去參加跨年倒數，就得事先做好準備。

狗小圓：我早就準備好了！就連跨年夜要背的背包都打包好了，裡面裝了洋芋片、可樂、口罩、圍巾和暖暖包，保證萬無一失。

虎大歪：萬無一失才怪！萬一你走失了，沒帶手機就變成百密一疏。跨年時正值歲末年終，節氣即將邁入小寒，時序也接近農曆十二月，天氣忽冷忽熱，背包裡的食物只有洋芋片和可樂，完全不合格，得喝點熱湯、吃些熱食，身子才會暖和。

狗小圓：農曆十二月又稱「臘月」，臘月初八要吃臘八粥，用小

米、綠豆、麥仁、花生、紅棗、玉米等原料煮成，煮熟後再加入紅糖和核桃仁，粥濃稠，滋味香。我會先喝一大碗臘八粥暖胃熱身再出門，你別操心。

虎大歪：講到臘月，我就想到尾牙；想到尾牙，我就想吃刈包。夾滿滷肉、酸菜、花生粉和香菜的刈包，形狀像一個裝滿錢的錢包，尾牙吃刈包，錢財滿錢包，福氣通通包。

狗小圓：刈包俗稱「虎咬豬」，包了餡料的刈包就像老虎張嘴咬著豬肉。虎大歪咬「虎咬豬」，正好把「福咬住」，祝福你新年發大財，好運旺旺來，紅包快拿來。

虎大歪：臘月二十四派駐廚房的灶神會上天庭，稟告這一年觀察到的是非善惡。都還沒送神，你就跟我要紅包，當心灶神跟老天爺打小報告。

狗小圓：只要多準備一些甜食祭拜灶神，灶神爺爺就會把「好話傳上天，壞話丟一邊」啦。聽說琉球人會用大蒜祭灶，你作惡多端，可以試試看。

虎大歪：你別矇我，用蒜頭當祭品，有什麼特殊用意嗎？

狗小圓：如果灶神吃了大蒜，就不敢在玉帝面前開口說話啦。你先吃幾顆大蒜，再到人擠人的地方試試，大家一定會快速彈開，跟你保持安全距離。

虎大歪：用蒜頭當祭品很有創意，不過我行得正、走得直、坐得端，不怕灶神說我壞話。倒是你，糖果和蒜頭都得多準備一些。

狗小圓：如果小孩調皮搗蛋也要上報天庭，灶神一定稟報不完，玉帝也會聽到耳朵長繭。可惜灶神臘月二十四就上天庭，沒能看見我勤勞努力、乖巧可愛的那一面。

虎大歪：這就怪了，我怎麼從來沒見過你勤勞努力、乖巧可愛的樣

子？

狗小圓：春節時除舊布新、採買年貨、大掃除、換春聯……這些我樣樣都會做，揮毫寫春聯也是一筆而成，蒸年糕更是小菜一碟。

虎大歪：失敬失敬，我真是小看你了。「一年容易又過年」，今年煩請小圓來我家過年，幫忙除舊布新換春聯。

狗小圓：好說好說，要我幫忙沒問題，只要你把紅包準備好、美食料理得剛剛好，我隨後就到。祝福大家新年好，好過年！

迎新春

春節｜紅包藏祝福，正月慶新年

元宵｜元宵吃元宵，賞燈猜燈謎

二月二｜龍抬頭、土地公生

兒童節｜兒童開心又快樂

一 春節

農曆正月初一

紅包藏祝福，正月慶新年。

虎大歪：新年到，祝福大家大吉大利，萬事如意。

狗小圓：慶新年，祝福大家平平安安，歲歲年年。

虎大歪：年紀漸長，春節時都會有「老去又逢新歲月，春來更有好花枝」的感覺，祝福小圓「紅包財源廣進，美食年年有餘」。

狗小圓：春來更有好的「花枝」？究竟是春節的花枝特別好吃，還

是你很會料理花枝？我聽了好想吃。

虎大歪：這是明朝詩人陳獻章的詩，描寫老人過新年，見到春天繁花盛開的情景，期許新年能有新氣象。詩人把枝頭上美麗的花朵，簡稱為「花枝」，只有像你這樣的饞鬼才會想成海裡的「花枝」。

狗小圓：原來此「花枝」非彼「花枝」，都怪我太貪吃。祝福大歪新年好運到，恭禧發財，紅包拿來。

虎大歪：我還沒發財就得發紅包給你，叫破財。要我發紅包沒問題，先跟我說你幾歲？

狗小圓：發紅包是散財，等到哪天你有了虎小歪，就可以「千金散盡還復來」啦。發紅包為什麼要問年紀？我的年齡是祕密，猜對我才告訴你。

虎大歪：宋朝人按年齡發壓歲錢，幾歲就給幾文銅錢，稱做「隨年錢」。你外表像十五歲的青少年，但

行為像五歲的小孩，我就大方一點，包給你十五塊錢吧。

狗小圓：紅包又稱「壓歲錢」，是長輩給晚輩的祝福，祝福的紅包要包雙數，十五塊錢是奇數，不吉利，乾脆一點，湊到兩千。

虎大歪：過年給小孩發紅包不但是祝福，還是保護小孩的護身符，跟奇數、偶數無關。既然你不喜歡奇數，我就加碼到一百二十元，祝福你龜年鶴壽，健康「呷百二」。

狗小圓：雖然和烏龜扯上邊有點不舒服，還是謝謝你的祝福。過年的紅包是小孩的護身符？這我倒是第一次聽說。

虎大歪：傳說古時候有小妖怪，名字叫做「祟」，經常在除夕夜作怪，小孩只要被祟摸到頭，先是驚嚇大哭，接著就會生病發燒，最後變成傻瓜呆！

狗小圓：哎呀，好可怕！「鬼鬼祟祟」說得就是這種小妖吧。年獸

來了可以放鞭炮驅趕，祟小妖來嚇小孩，該怎麼辦才好呢？

虎大歪：除夕夜大人不睡覺，輪流守「祟」，防止小妖來作祟。從前有對夫妻害怕睡著，就拿出八枚銅錢和孩子一起玩。

狗小圓：「八」的諧音是「發」，古人也知道過年要講吉祥話。後來呢？

虎大歪：孩子睡著了，這對夫妻就用紅紙包著銅錢，放在小孩枕頭下。一轉身，躲在暗處的祟要伸手去摸小孩的頭，銅錢突然鏗鏘作響，還發出亮光，把小妖嚇得逃之夭夭！

狗小圓：哎喲！紅紙包著八個銅錢的威力這麼驚人，會鏗鏘作響，又會發出亮光，好像霹靂布袋戲，威力十足。

虎大歪：從此以後，過年發紅包給小孩「壓祟」就成了習俗，這就是紅包的由來。

狗小圓：原來壓「歲」錢其實是壓「祟」錢，把紅包壓在枕頭下也是有典故的，而不是為了方便媽媽保管。不過，我有個疑問，既然年獸和祟都被嚇跑了，人們不是可以一覺到天亮嗎？為什麼初一、初二還要早早起床，初三才能安心睡到飽呢？

虎大歪：「初一早，初二早，初三睏到飽……」

狗小圓：哎呀！別唱了，我的耳朵受不了恐怖噪音。

虎大歪：我小時候可是合唱團臺柱，這首春節民謠〈正月調〉是我的拿手歌曲，你真是有眼不識泰山。

狗小圓：除夕守歲徹夜不睡，初一早上才上床，用盡力氣也睜不開眼、起不了床，爸爸就會使出獅吼功，大唱〈正月調〉挖我起床。

虎大歪：「初一早，初二早，初三睏到飽」，正月初一要早起祭祖祭神、拜年走春；初二要早起，免得回娘家遇上塞車；初三家裡的老鼠娶新娘，要早睡晚起，避免驚擾老鼠舉辦婚禮，希望新的一年老鼠不作怪。

狗小圓：哎喲！我怎麼會忘了「老鼠娶新娘」的故事呀！故事裡說，大家都應該早早上床睡覺，避免打擾家裡的老鼠婚禮，還要在廚房與陽臺撒下米粒當做紅包，希望老鼠不要在來年造成鼠患。

虎大歪：這是一種說法，初三睡到飽還有一種說法。從秦漢以來，初一是雞日，初二是狗日，初三是豬日，依序到初七是人日，顧名思義，豬日就要

好好的在家休息、共敘天倫，是正月裡補眠的好日子。

狗小圓：你愈說我的疑問就愈多，農曆一月也稱做「元」月，過年時為什麼要說「正」月？「正」的讀音還要讀做「蒸」，是不是和過年蒸年糕有關係，才會這麼不「正」常？

虎大歪：我先解釋「元」月。「元」有開始的意思，農曆一月才會稱做「元月」；元月初一同時又是年、月、日的起始，又稱「三元」。不過，在漢朝以前，元月會隨著改朝換代而改變，不一定落在一月。

狗小圓：元月不在一月？還有這種怪事？

虎大歪：沒錯！每個朝代都把改「正」後的第一個月稱做「正月」。後來到了秦朝，因為秦始皇姓嬴名政，「正」和「政」犯了同音的忌諱，便下令更改「正月」的讀音，從四聲改為一聲。

狗小圓：哇！皇帝的權力好大，如果讓我當皇帝，也要來改字的讀音。

虎大歪：你要改哪個字的讀音？說來聽聽。

狗小圓：如果我當了皇帝，「元」和「圓」也犯了同音的忌諱，我要把「元」月改成「玩」月，全國放長假、連玩一個月，帥吧！

虎大歪：大家都放假，遊樂園和商店全關門，司機休假、餐廳打烊，哪兒都去不了，紅包錢也沒地方花，你的國家很快就「完」蛋。

狗小圓：不行！我想一輩子當皇帝，我的國家不能完蛋。這樣好了，我們縮短大人的年假，只要延長小朋友的寒假就好。

虎大歪：哈哈，你很快就會轉大人，到時候你就整到自己。初四接神，時間會選在傍晚左

右，俗諺有「送神早，接神晚」的說法。初四接神，初五隔開，假期不長不短，才不會難收心。

狗小圓：我知道初四要接神，不過初五究竟要跟什麼「隔開」呢？

虎大歪：初五隔開，就是跟新春假期隔開的意思，家中神桌上的糕點可以撤下來，新年的各項禁忌也全部免除，小圓又可以掃地、倒垃圾，所以稱為「隔開日」。

狗小圓：我可以跟功課隔開，別叫我跟美食隔開就好。

虎大歪：各行各業大多會選在初五開工營業，春節假期到此結束，很多人又要

開始上課、上班啦！

狗小圓：開工？上課？上班？我盼了一整年才等到春節，一轉眼就到初五，還得再盼一年，真是可憐，我的心情很不美麗。

虎大歪：別難過，傳說女媧在初七造人，這一天要吃豬腳麵線或七寶羹；初九是玉皇大帝誕辰，市場有很多節慶美食。接著就是開心熱鬧的元宵節，過完元宵節，才算真正的過完年。

狗小圓：沒錯，這個年還沒結束。如果元宵節在寒假，又遇到週末，我們就可以歡天喜地過新年，開心熱鬧賞花燈！

把賀年吉祥話寫在紅包上，「年年有餘」畫隻魚，「步步高升」添塊糕，「大吉大利」描顆橘，創造獨一無二的祝福！

初一早，初二早，初三睏到飽；初四接神，初五隔開，初六是挹肥。初七七完，初八完全，初九天公生日；初十吃食，十一請女婿。十二請查某仔轉來食鹹粥仔配芥菜，十三關老爺生，十四月光，十五是元宵暝。

二 元宵節

農曆正月十五日

元宵吃元宵，賞燈猜燈謎。

狗小圓：農曆正月十五日元宵節，祝福大歪元宵吃到喜歡的口味，燈謎全部都猜對。

虎大歪：小圓吃了年糖嘴真甜，祝福你元宵節收穫滿滿，肚子裝滿元宵，背包裝滿獎品，開心又快樂。

狗小圓：我哪快樂得起來呀！元宵節這個重要的日子怎麼會沒有放假呢？一想到元宵節還要上學，我就不開心。

虎大歪：元宵節又叫「小過年」，大人春節才放過長假，小孩學校也才剛開學，元宵節就不好再放假啦。

狗小圓：元宵節美食多，民俗活動也多，卻偏偏不能放假開心玩，真是讓人生氣。

虎大歪：你就別浪費時間生氣啦，其實，元宵節偶爾也會放假。

狗小圓：真的嗎！元宵節什麼時候會放假？

虎大歪：元宵節如果落在週末假日，就會放假呀。二〇二〇年的元宵節剛好是星期六，學校也還在放寒假，可以悠哉悠哉的去賞花燈。

狗小圓：那已經是過去式了，少矇我。

虎大歪：我查一下，二〇二三、二〇二四和二〇二七年的元宵節也都放假。

狗小圓：爸爸說元宵放假才帶我去鹽水看蜂炮，看來還有得等。

虎大歪：元宵節又稱「上元節」，歷史上從漢朝開始過元宵節，明

朝的元宵假長達十天。現在元宵節雖然不是國定假日，不過慶典很多，北（平溪）天燈、南（鹽水）蜂炮、東（臺東）寒單、西（澎湖）乞龜，大家熱鬧慶元宵，為春節畫下完美句點。

狗小圓：今年元宵夜我要提著燈籠去賞燈會、猜燈謎、拿大獎，你要不要一起來？

虎大歪：古人把正月稱為「元月」，夜稱為「宵」，因為正月十五是農曆年後第一個月圓夜，便簡稱「元宵」，也是傳統的情人節。你可以邀請暗戀的對象一起去，在花燈前、圓月下告白，超級浪漫，我可不想當電燈泡。

狗小圓：你又矇我！元宵節雖然燈光美、氣氛佳，卻和情人節八竿子打不著，二月十四日和七夕才是情人節。再說，我從來不暗戀別人，都是別人暗戀我。

虎大歪：我沒騙你。古代女生不能拋頭露面，只有元宵節才能名正言順出門賞燈，這一天是認識異性、約會的好日子，才子佳人還會寫詩作詞表達情意呢。

狗小圓：舉個例子來聽聽。

虎大歪：「去年元夜時，花市燈如晝。月上柳梢頭，人約黃昏後。今年元夜時，月與燈依舊。不見去年人，淚溼春衫袖。」這首歐陽修的〈生查子．元夕〉就是代表作。

狗小圓：原來是這首，不過，我比較喜歡辛棄疾元宵夜尋人的那首詞，「東風夜放花千樹，更吹落、星如雨……眾裡尋他千百度，驀然回首，那人卻在，燈火闌珊處。」句句寫到我的心坎裡。

虎大歪：辛棄疾的詞寫到你的心坎裡？看不出你這麼感性。

狗小圓：去年燈會時我爸媽走失了，我在群眾裡尋找他們千百次都找不著，真是急死我了，多虧有溫柔的警察阿姨，幫我找到他們。

虎大歪：原來你是講這回事，那天我也在現場，聽到你爸媽廣播找你，還看見你趴在警察阿姨懷裡嚎啕大哭。

狗小圓：我一看見「猜燈謎、拿大獎」的海報，就拉著媽媽的手往那裡走，直到手被甩開，才發現我誤把別人當做媽媽，真糗！我才沒有趴在警察阿姨懷裡哭，你也別再提這檔事了，等會兒請你吃元宵。

虎大歪：想用好吃的元宵封我的嘴？沒那麼簡單，來，說說看元宵和湯圓的差別。

狗小圓：簡單，一句話，「搖滾元宵搓湯圓」，先準備美味的餡料切成小塊……

虎大歪：餡料是哪些呢？

狗小圓：甜的餡料有芝麻、紅豆、花生等，鹹的餡料就是鮮肉呀！把餡料切塊、沾水之後放入鋪滿乾糯米粉的竹篩，使勁「搖」竹篩、「滾」元宵，反覆噴水裹粉搖，直到元宵滾得圓滾滾、胖嘟嘟。

虎大歪：「搖」竹篩、「滾」元宵，說得好。

狗小圓：至於湯圓嘛，則是將溼的糯米糰，包入餡料後，慢慢用手搓成圓形。

虎大歪：元宵是搖滾樂，湯圓是搓搓樂，你講得真好，不愧是美食達人，研究得非常透徹。

狗小圓：感謝您的誇獎，除了美食達人，我還有「元宵打虎將」的封號哦！

虎大歪：哼！虧我從澎湖帶了幾隻甜甜的糯米小烏龜要送你，聽到你自稱是「打虎」將，對我不禮貌，決定留著自己吃。

狗小圓：你誤會啦，古人把燈謎稱做「燈虎」或「文虎」，因為燈謎多半很難猜，像彎弓射老虎一樣困難，所以猜燈謎又稱「射虎」，而猜謎高手也就成了「打虎將」。

虎大歪：你是打虎將？來，我出個題考考你：「一條狗過了獨木橋之後就不叫了。」射一個成語。

狗小圓：太簡單了，謎底是「過目（木）不忘（汪）」。

虎大歪：答對了，真有兩把刷子。我再出個題，聽好了：「蚊子叮鼠牛虎兔、龍蛇馬羊、猴雞豬！」射一個卡通人物。

狗小圓：這個燈謎太簡單了，我用腳趾頭想就知道，謎底是「布丁狗」，因為蚊子「不叮狗」呀！

虎大歪：兩題全對，看來你真的是「打虎將」。

狗小圓：換我考考你：「頭尖身細白如銀，論秤沒有半毫分。眼睛長到屁股上，光認衣裳不認人。」

虎大歪：你是不是拐個彎在罵我？說我眼睛長到屁股上，不識打虎將？真是膽大包天，找打！

狗小圓：你別急，我還沒講完。這個燈謎要猜一個小小的生活用品，來，猜猜看！

虎大歪：我不喜歡猜燈謎，你直接告訴我答案吧。

狗小圓：尖尖的、輕輕的、跟衣服有關，答案是「針」，跟你的眼睛長在屁股上沒關係。

虎大歪：你真的拐個彎來罵我？膽子愈來愈大啦！

狗小圓：小的不敢，大歪大歪別生氣，吃碗元宵消消氣，和我一起猜燈謎，提燈共享元宵趣。

元宵節又不是詩人節，幹麼裝文青？還是吃幾碗熱呼呼的湯圓和元宵，再提著自己做的燈籠逛燈會、猜燈謎，才真是應景。
東風夜放花千樹，更吹落、星如雨。寶馬雕車香滿路，鳳簫聲動，玉壺光轉，一夜魚龍舞。蛾兒雪柳黃金縷，笑語盈盈暗香去。眾裡尋他千百度，驀然回首，那人卻在，燈火闌珊處。
圓

三 二月二

龍抬頭、土地公生

農曆二月初二

虎大歪：農曆二月初二龍抬頭，俗話說，「二月二，龍抬頭，蠍子、蜈蚣都露頭」。

狗小圓：二月二跟龍、蠍子和蜈蚣有啥關聯？

虎大歪：因為農曆二月二日總是落在節氣「驚蟄」前後，據說主管雲雨的龍王，本來在冬眠，到了這一天，會被春雷驚醒而抬起他的大龍頭，使天空開始降下綿綿細雨，有利春耕。

古人也稱這一天為「春龍節」、「龍頭節」或「青龍節」。

狗小圓：有這回事？我只知道農曆二月初二是土地公生日，沒聽過什麼龍抬頭。不過龍王抬頭看天空，然後天降甘霖，這有啥稀奇？

虎大歪：春天到了農夫要耕種，龍王抬頭帶來豐沛雨水，春雨綿綿讓作物長得好，你這個貪吃鬼才有得吃呀！再說，二月二要吃「龍食」，你是美食達人，怎麼可以錯過呢？

狗小圓：龍食？古人好大膽子，竟然敢把龍王當成食物吃掉？

虎大歪：你別瞎說了。龍食，是指形狀像龍的食物。「吃豬頭肉」叫做「挑龍頭」，吃春餅好像「吃龍鱗」，吃麵條則是「扶龍鬚」，吃餛飩有如「吃龍眼」，而吃餃子是「吃龍耳」，吃炸糕則叫做「吃龍膽」。這一切都是為了喚醒龍王，祈求他保佑來年可以風調雨順、五穀豐登。

狗小圓：哇！古人比我還貪吃，聯想力更是一級棒，餃子的形狀確

實和耳朵很像，用吃龍食來喚醒龍王也很有創意，我也要跟媽媽建議，用美食叫我起床，這樣我保證不賴床。不過，我覺得龍眼比餛飩更像眼睛，白色的果肉像眼白，黑色的籽像眼珠。

虎大歪：古人不只聯想力強，也比你這個貪吃鬼有智慧，龍眼的產期在夏季，春天只有龍眼乾。

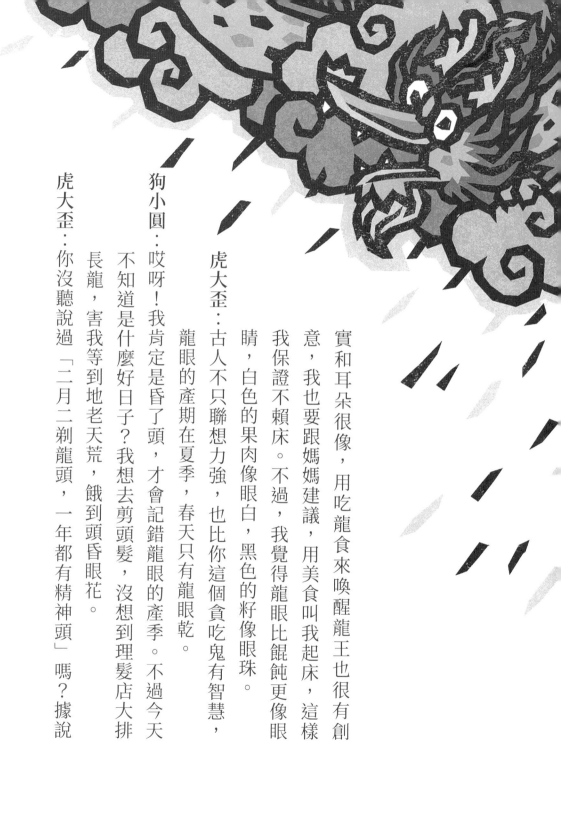

狗小圓：哎呀！我肯定是昏了頭，才會記錯龍眼的產季。不過今天不知道是什麼好日子？我想去剪頭髮，沒想到理髮店大排長龍，害我等到地老天荒，餓到頭昏眼花。

虎大歪：你沒聽說過「二月二剃龍頭，一年都有精神頭」嗎？據說

在這天剃頭，一整年都會鴻運當頭。我從一早忙到現在，都還沒空去剪頭髮呢。

狗小圓：原來如此，幸好我堅持等待，終於剃了「龍頭」，期待今年一整年好運連連。

虎大歪：你說農曆二月二是土地公生日，有什麼特別的習俗或是好吃的食物嗎？

狗小圓：商家祭拜土地公，稱做「作牙」或「牙祭」。春節時眾神上天庭，再加上正月拜拜多，所以正月不「作牙」。農曆二月二這一天是土地公生日，也是過年後第一次「作牙」，又稱「頭牙」，正好和年底的「尾牙」相對應。

虎大歪：商家祭拜土地公，跟你這個小學生感覺搭不上邊？

狗小圓：你別急，聽我說。商家在「牙祭」之後，會把食物分送給員工享用，俗稱「打牙祭」。二月二，打牙祭，狗小圓，打了牙祭，精神奕奕！

虎大歪：你真是個不折不扣的貪吃鬼！古人敬天畏地，祭天也祭地，天有天神，地也有地神，在「土」字邊加上了「示」字旁，用「社」代表古人膜拜的土地神，也就是「社神」。人家是表現對大地的敬畏與感恩，你卻只想到祭五臟廟、打牙祭。

狗小圓：土地神或是社神都很抽象，後來民間流傳著土地公福德正神的故事，於是祭祀土地就慢慢演變成為祭祀土地公。不論城市或鄉下，到處都有土地公廟，士農工商各行各業，也都很尊敬土地公爺爺，無論是求功名、求學業、求生意興隆都可以。

虎大歪：關於土地公，也就是福德正神的傳說很多。傳說一，張福德原本是位周朝稅官，他很照顧辛苦勞作的老百姓，死後被周穆王封為土地神。

狗小圓：張福德在世當好官，死後被封為土地神，有道理。

虎大歪：傳說二，農夫張福德救了東漢光武帝劉秀，所以劉秀在張福德死後，賜封他為「土地正神」。

狗小圓：張福德救了皇帝一命，死後被封為土地神，也有道理。

虎大歪：傳說三，名叫張福德的僕人，在冰天雪地裡，為了保護主人家的小姐寶貴的性命，把自己的衣服脫下來，給小姐保

暖，自己卻活活凍死。主人為了感謝他，建廟祭祀他，稱他為「福德正神」。

狗小圓：這就不合理了，他為什麼不撿些木柴、升把火，和小姐一起坐在營火前取暖呢？這樣兩個人都可以活下來呀！

虎大歪：冰天雪地裡沒有火柴、火種、打火機，你升個火來讓我瞧瞧。更何況那時候男女授受不親，偷看一眼或是牽手都不可以，更別說坐在一起取暖。

狗小圓：如果是現在，打通電話消防隊就會派直升機來救援，我們真是太幸福了。張福德燃燒自己、照亮別人，情操可貴，難怪人家說「救人一命，勝造七級浮屠」。

虎大歪：無論哪一個傳說，張福德都是大好人，才會獲得人民的敬仰。一直到現在，每逢農曆初二、十六，商家都會準備土地公愛吃的花生、麻糬和酒當做供品，希望土地公吃得開心，保佑大家生意興隆賺大錢。

狗小圓：花生又叫「長生果」，象徵長命百歲；黏黏的麻糬，可以把金銀財寶通通黏進來。都是我愛吃的點心。

虎大歪：酒則是取「久」的諧音，象徵長長久久。但是小孩子不能喝酒，大人也要淺嘗即止。

狗小圓：外婆交待過，五粒仁的花生不能吃，因為那是「土地公的手指頭」。

虎大歪：吃掉土地公的手指頭可不得了，幸好我長這麼大還沒看過五粒仁的花生，更不可能吃了，你呢？

狗小圓：剛剛上臺之前，我才剝到一顆五粒仁的花生，還來不及拍照存證，就被你一把搶走吃掉了。

虎大歪：什麼？我剛剛吃掉土地公的手指頭？真是嚇死寶寶了，看來我等會兒要先吃些龍膽壓壓驚，然後去剃個頭，祈求鴻運當頭！

二月二當然要吃「龍食」，麵條、水餃、餛飩、蔥油餅，把所有麵食都吃一輪，接著吃水煮花生，收集一到五個仁的花生，最後拍拍肚皮，人生好圓滿。
二月二，先背背白居易的詩鍛鍊腦力，「二月二日新雨晴，草芽菜甲一時生。輕衫細馬春年少，十字津頭一字行。」再剪個清爽的髮型，一整年都有好兆頭。

四 兒童節

國曆四月四日

兒童開心又快樂。

虎大歪：國曆四月四日是兒童節，祝福大家兒童節快樂，讓我來為大家獻唱一首紅透半邊天的〈兒童節歌〉。

狗小圓：等等，你先喝口水潤喉，等我把耳塞戴上，免得我的耳膜受罪。

虎大歪：「四月四日兒童節，我們兒童最快樂，門前青草綠盈盈，樹上鮮花紅又白。爸爸媽媽雙手拍，說是春光明媚好時節，萬物生氣正蓬勃，兒童們可愛又活潑。」喂，我唱完了，拍手啊！

狗小圓：好，拍拍手。你唱的那是什麼老掉牙的歌呀？

虎大歪：這是我小時候的〈兒童節歌〉，人人都會唱。你們現在有什麼好聽的兒童節歌曲嗎？

狗小圓：嘿！你問倒我了，我好像沒唱過什麼兒童節歌，耳熟能詳的〈小蘋果〉算嗎？

虎大歪：〈小蘋果〉哪是兒童節歌呀！我念小學競選模範生時，才藝項目就唱〈兒童節歌〉，一曲唱完，大家都說好聽，我也順利當選模範生。

狗小圓：沒想到你小時候曾經當選過模範生，真是「小時了了，大未必佳」！

虎大歪：我不只小時了了，長大更是好棒棒。來，說說看，小圓收到了什麼兒童節禮物呢？

狗小圓：說到兒童節禮物我就難過，我收到的竟然是不能吃也不能玩的國語字典，負責買辦兒童節禮物的人真討厭，肯定很不可愛又沒有童心。

虎大歪：字典可以查字義和部首，是非常實用的禮物，這個兒童節禮物很棒。

狗小圓：現在有方便快速的網路，誰還要浪費時間查字典？

虎大歪：聽我一句勸，翻查字典雖然慢，印象深刻效果讚。如果你知道巴西小朋友的兒童節禮物是什麼，就會知道自己有多幸福。

狗小圓：巴西的兒童節不是有熱鬧的嘉年華會慶祝嗎？比我們幸福太多啦！

虎大歪：這你就不了解了，巴西的兒童節在八月十五日，這一天也是他們的全國防疫日，醫生要為小朋友看病，還要幫五歲以下的小朋友打疫苗。

狗小圓：八月十五日不是中秋節嗎？巴西人過什麼兒童節呀？

虎大歪：你弄混了！中秋節是農曆八月十五日，我說的是國曆八月十五日。

狗小圓：哈哈！多謝指教，我真的把國曆和農曆搞混了。巴西的兒童好悲慘，兒童節禮物居然是打針，我寧可拿字典也不想打針。

虎大歪：幸好，國曆十月十二日的「聖母顯靈日」，也是巴西的兒童節，這一天大人小孩都可以放假慶祝，熱鬧熱鬧。

狗小圓：如果我們一年也有兩次兒童節，可以拿兩次禮物，那該有多好。

虎大歪：日本的兒童節更多，三月三日女孩節、五月五日男孩節，十一月十五日還有一個七五三節。七五三節是專屬於三歲、五歲和七歲小朋友的節日，小朋友要到神社參拜，還要吃一種

名為「千歲飴」的糖果，祈求長命百歲。

狗小圓：哇！設想真周到，不但有年齡之分，還有男女之別，爸媽的荷包才不會一次大失血。

虎大歪：瑞典的兒童節也很特別，八月七日是男孩節，又稱「龍蝦節」，男孩要打扮成龍蝦的模樣，效法龍蝦的勇敢精神。

狗小圓：瑞典的男孩在兒童節要打扮成龍蝦？那不是很「瞎」嗎？

虎大歪：十二月十三日則是瑞典的女孩節，又稱「露西婭女神節」，女孩要打扮成美麗的女神，為其他孩子做好事。

狗小圓：原來每個國家的兒童節日期和慶祝方式都不一樣。真搞不懂我們的大人是怎麼想的？竟然把兒童節定在四月四日，諧音念起來真不吉利！

虎大歪：很多國家的兒童節都在六月一日。民國二十一年，中華慈幼協會建議將中國民國的兒童節定在四月四日，這個時候正值春天，又和植樹節相近，氣候

不冷不熱，很適合慶祝兒童節。

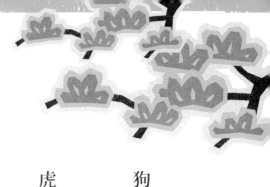

狗小圓：這是什麼怪理由？你說兒童節跟植樹節時間相近，但是明明是清明節更近，把四月四日定為兒童節，我覺得一定還有別的原因？

虎大歪：我也是這麼想，也許因為小朋友是國家未來的主人翁，不怕不吉利，不怕犯忌諱，才選在四四過節，希望時時開心，事事如意。

狗小圓：哇！大歪諧音講得很妙啊！小孩天不怕、地不怕，只怕上學、考試、作業多。

虎大歪：來，說說你最想要什麼兒童節禮物？

狗小圓：我想要的兒童節禮物不多，就是四要、三不、一沒有。

虎大歪：四要、三不、一沒有，好大的名堂，詳細內容說來聽聽。

狗小圓：先說四要，一要手機、二要機器人、三要遙控汽車、四要吃大餐。

虎大歪：貪吃鬼到最後才說要吃大餐，有點不正常。

狗小圓：三不，就是不想早起、不想上課、不想考試。我習慣把最重要的放在最後面，你發現了嗎？

虎大歪：說你笨你還不承認，兒童節本來就放假，你這三不全都已經實現了。

狗小圓：哎呀！我竟然忘記兒童節不上課。告辭，先走一步。

虎大歪：等等，你還沒說一沒有是什麼呀？

狗小圓：一沒有就是沒有作業，不上課也不會有作業。但是我突然想起來，隔壁班阿毛說兒童節要請我吃冰淇淋，如果兒童節不上學，冰淇淋就沒有啦，我得趕緊去他家找他要冰淇淋。

兒童節當然要吃大餐，好吃的零食先來一大箱，再到遊樂園大玩特玩，收到的禮物堆成山，作夢也會笑。

也能寫封信給十年後的自己，說說你對未來有什麼期許，把這封信放進時光膠囊，再畫出最想收到的兒童節禮物，當做這份禮物的包裝紙，送給十年後的你，記得把祝福與期許一起裝進去哦。

孝於親

清明節｜清明吃潤餅，踏青放風箏

母親節｜母親像月亮，樣樣一把「罩」

端午節｜五月五，吃五子，過端午

父親節｜爸爸真偉大，過節不放假

五 清明節

清明吃潤餅，踏青放風箏。

國曆四月四日至六日、冬至後第一百零五天

虎大歪：天清地明百花開，預告清明節的到來，這時候春暖花開，最適合到郊外走春、踏青、放風箏。

狗小圓：不不不，你沒聽說過「清明時節雨紛紛，路上行人欲斷魂」嗎？唐朝詩人杜牧有交代，天雨路滑就怕摔跤，還是找個酒家喝酒比較實在。

虎大歪：清明和春節、端午、中秋並稱「傳統四大節日」，出外的狗小圓：遊子都會回家團聚，和家人一起祭祖掃墓，怎麼可以跑去酒家喝酒，更何況你未成年，不能喝酒。

狗小圓：嘿，別以為我年紀小就什麼都不懂，那時的酒家指的就是現在的餐館，我不喝酒，還是可以吃美食。不過，清明節為什麼要放風箏呢？

虎大歪：風箏在古時候稱為「紙鳶（ㄩㄢ）」或「鷂（ㄧㄠˋ）子」，古人有「斷鷂放災」的習俗，在清明節這天，他們會把災禍疾病寫在紙鳶上，等到紙鳶乘風飛上天，就把線剪斷，讓那些災禍疾病一起隨風遠逝，這就是所謂的「清明放斷鷂」。

狗小圓：古人清明放紙鳶，把避之唯恐不及的災禍疾病寫在上面，讓壞事隨風遠颺，我們元宵節放的天燈，上面寫的卻是渴求的願望與夢想，希望心願能上達天聽。這麼一來，老天爺肯定會搞混，難怪我寫在天燈上的願望，從來都沒有實現過！

虎大歪：你寫了哪些願望，說來聽聽。

狗小圓：去年寫考試得第一，結果是坐我隔壁的小花考第一名；今年寫長高長壯，昨天量身高體重，不但沒長高還變胖，真是氣人。

虎大歪：考試要靠自己，臨時抱佛腳，只會變「肉腳」；身材高矮則要看基因，變胖都怪你吃太多、吃太快，這些都和老天爺沒關係。不過，你可以把贅肉和考試寫在紙鳶上，試試看「清明放斷鷂」有沒有效。

狗小圓：紙鳶這名字好聽又典雅，改成風箏太奇怪了，箏是樂器，和天上飛的紙鳶八竿子打不著。

虎大歪：傳說五代時期的李鄴在紙鳶上安裝竹笛，紙鳶飛上天後，會發出像箏一樣清脆的樂音，紙鳶從此被稱做「風箏」，一直沿用至今。

狗小圓：哇！真是太酷了。今年清明我要做一個名符其實、會發出

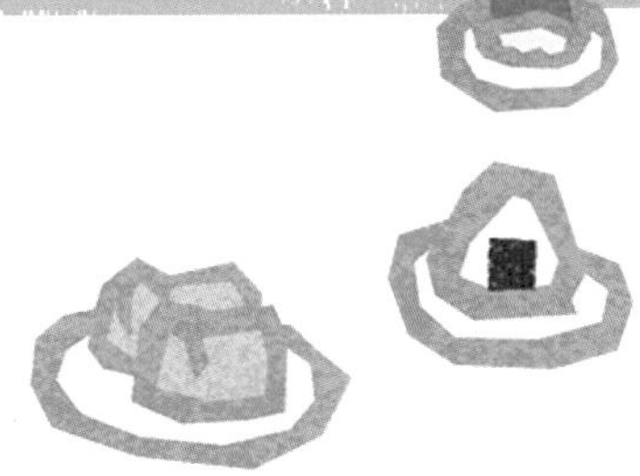

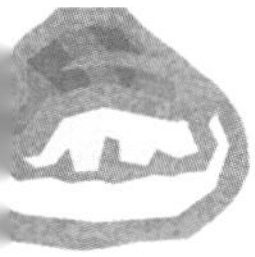

樂音的風箏，一定會成為眾所矚目的焦點。

虎大歪：當大家被笛聲吸引，抬頭看見一個寫了「贅肉」和「考試」的風箏時，你確實會成為眾所矚目的「笑」點。哈哈哈，我可以當你的專屬攝影師，幫你記錄這歷史性的一刻。

狗小圓：你真是掃興大王，幾句話就讓我興致全消，不談風箏了，咱們言歸正傳。清明既是節日，也是節氣，你知道清明是先被定為節日，還是節氣嗎？

虎大歪：清明最早只是節氣，結合了寒食節和上巳節後，才慢慢演變成懷念先人的掃墓節。

狗小圓：沒想到節氣和節日也可以三合一。「寒」食節？古代怎麼會有這麼好的節日，真是太棒了！

虎大歪：好在哪裡？說來聽聽。

狗小圓：「寒」食節，顧名思義就是可以大吃特吃冰淇淋、剉冰、冰棒……這些「寒冷」美食的節日啊。

虎大歪：你沒常識就要多看電視，古代沒有冰箱，寒食是指冷食。春秋時期，晉國公子重耳流亡國外，傳說他快餓死的時候，有個臣子名叫介之推，割下自己的大腿肉煮湯給他喝，救了他一命。後來，重耳回到晉國，成為「晉文公」，封賞了流亡時期的功臣，卻獨獨忘了介之推。

狗小圓：介之推害晉文公在無意間變成食人魔，晉文公當然要跟他劃清界線，頂多跟他說聲「謝謝，再聯絡」，然後就永遠不聯絡。

虎大歪：幸好你不是重耳，不然歷史就會改寫，也不會有寒食節。

狗小圓：你愈說我愈迷糊，究竟這個吃人肉的故事，和寒食節有什麼關係呢？

虎大歪：當晉文公終於想起介之推的救命之恩時，介之推已經帶著母親隱居在綿山。晉文公派人請他下山當大官，介之推堅決不肯，有人給晉文公獻策，要他從三個方位放火燒山，這樣介之推一定會從僅剩的安全方向逃下山，沒想到他們母子竟然抱著一棵老柳樹，活活被燒死了。

狗小圓：獻這個計策的人真是笨蛋！放火燒山不但燒死了介之推母子，還殃及無辜的動植物，甚至造成空氣汙染。

虎大歪：晉文公也很後悔，他帶回一段燒焦的柳木，做成木屐，每天望著木屐悲嘆「悲哉足下」。從此之後，「足下」就成為古人稱呼朋友與長輩的尊稱，類似現在的「您」。

狗小圓：這把火肯定讓晉文公很「火」，所以在他犯蠢的這一天，不准大家生火煮飯，這就是寒食節的由來，對不對？

虎大歪：沒錯，晉文公下令把介之推的忌日——冬至後的第一百零五天——定為寒食節，在這一天只能吃冷食和涼拌的食物。因為寒食節比清明節早了一至兩天，唐朝時開始把兩個節日融合在一起，形成連假，最少三天，最長七天。

狗小圓：唐朝沒有兒童節，也有清明連假，假期還比我們長。清明

節本來只是單純的節氣，後來會衍生出掃墓和吃潤餅、「草仔粿」的習俗，八成和寒食節有關。

虎大歪：小圓聯想力真強。不只是寒食節，清明節在唐代時還融入了上巳節。

狗小圓：我從來沒聽說過「放肆」節，這個節日肯定很好玩，可以做些放肆的事！

虎大歪：上巳節又稱「三月節」或「小清明」。漢代以前定在三月上旬的巳日（根據干支紀日法），後來固定在農曆三月初三，和清明節很接近。這天平民百姓會在水邊野餐作樂、洗澡玩水，文人雅士則會舉行「曲水流觴」，輪流吟詩作賦。

狗小圓：什麼是「曲水流觴」？

虎大歪：就是把酒杯放在曲曲彎彎的小溪上，酒杯流到誰面前，誰就要把酒拿起來喝掉，還要吟一首詩。

狗小圓：我怎麼覺得和「迴轉壽司」的概念很像，壽司也是冷食，很適合在寒食節享用。

虎大歪：不管我說什麼，你都可以聯想到食物！你這個小腦袋瓜除了美食，還裝了些什麼呀？王羲之寫的〈蘭亭集序〉正是這個遊戲流傳下來最有名的文章，小圓會背嗎？

狗小圓：這還不簡單，「永和九年，歲在癸丑，暮春之初，會於會稽山陰之蘭亭，吃喝玩樂也……」

虎大歪：好你個狗小圓，亂背一通。

狗小圓：我這個叫做今昔對比、以古諷今。就拿寒食節來說，本來應當禁止用火，但是和上巳、清明結合成掃墓節後，每年都因為焚燒紙錢而引發火災。古人過節總會吟詩作對，我們過節都在吃喝玩樂，您說對不對？

虎大歪：我馬上作個對子讓你佩服一下，上聯：「小圓吃喝玩樂去」，下聯：「大歪琴棋書畫精」。

狗小圓：這我也會，橫批就寫「老虎也會吹牛皮」。

清明節早上，我要上市場買春捲皮和花生粉，午餐包一個大潤餅，吃個過癮，下午出外踏青、放風箏。
清明節掃墓祭祖，製作簡單的族譜，表達慎終追遠的心意。或是安排小旅行，到故宮博物院觀賞〈清明上河圖〉，看看宋朝的古人怎樣過清明節。

六 母親節

母親像月亮，樣樣一把「罩」。

國曆五月的第二個星期日

虎大歪：五月的第二個星期天是母親節，祝福大家母親節快樂。

狗小圓：母親節有蛋糕吃，還可以全家人上餐館吃大餐，我比媽媽更期待母親節。

虎大歪：讓我高歌一曲，來祝福大家。

狗小圓：按照慣例，你先喝口水，讓我把耳塞戴上。

虎大歪：「母親像月亮一樣，照耀我家門窗，聖潔多慈祥，發出愛的光芒。為了兒女著想，不怕烏雲阻擋。賜給我溫情，鼓勵我向上。母親啊！我愛您，我愛您，您真偉大。」喂，我唱完了，快拍手啊！

狗小圓：好，拍拍手。大歪總算唱了一首我熟悉的歌曲了，這首歌的歌詞好貼切，寫到我的心坎裡，我媽確實像月亮，初一、十五不一樣。

虎大歪：你媽像月亮，初一、十五還不一樣？難不成你媽媽是狼人？嗷——嗚——

狗小圓：你別亂講，我說媽媽像月亮，是因為她有時候會說我傻得可愛，有時候卻又罵我笨得可怕！

虎大歪：你媽媽什麼時候說你傻得可愛？

狗小圓：我跟隔壁王媽媽說，吃過她做的蘿蔔糕後，我才知道我媽的廚藝好。媽媽當

場訓了我一頓，說我不知好歹亂說話，回家後卻一直笑，說我傻得好可愛。

虎大歪：那你媽媽是什麼時候說你笨得可怕？

狗小圓：我跟老師說，作業都是媽媽教的，寫錯不能怪我，遲到也是因為媽媽睡過頭了。

虎大歪：我來說句公道話，令堂說得一點都沒錯，你確實又傻又笨！當你媽媽真可憐，要為你做牛做馬，還要教你寫作業、叫你起床。你可要準備豐盛的母親節禮物，感謝她對你的照顧與包容。

狗小圓：我早就準備好了。這是老師教我們做的母親節卡片，一打開康乃馨就會綻放，還有五張「小圓搥背券」。

虎大歪：會開出康乃馨的卡片和搥背券，真是太棒了！不過，你知道母親節為什麼要送康乃馨嗎？

狗小圓：我知道紅色康乃馨是用來祝福母親健康長壽，白色康乃馨則用來表達對去世母親的思念，就是不知道為什麼康乃馨是母親節之花。

虎大歪：這得從美國的安娜・賈維斯講起。安娜的母親想為偉大的母親們訂立一個專屬節日，但是直到她在一九〇五年五月的第二個星期日過世時，這個願望都沒能實現。

狗小圓：媽媽的願望沒有實現就去世了，安娜一定深感遺憾。

虎大歪：敬愛母親的安娜繼承母親的遺願，持續努力、四處奔波，終於在一九一四年，美國國會通過決議，把每年五月的第二個星期日定為母親節。

狗小圓：因為安娜的母親生前最愛的花是康乃馨，所以安娜把康乃馨定為母親節之花，對不對？

虎大歪：沒錯！這是原因之一。另一個原因是，康乃馨枯萎時花瓣不會掉落在地，而是從花心緊緊擁抱著花瓣，就像母親把孩子摟進心坎裡一

樣，象徵母愛永遠不死。

狗小圓：沒想到康乃馨的涵義這麼深遠，聽得我流下好幾滴燒燙燙的眼淚。

虎大歪：母親節訂定之後，商人抓住商機大肆炒作，溫馨的母親節變成商業化的節日，違背安娜的初衷，安娜非常難過，還成立協會抗議。

狗小圓：母親節讓媽媽休息一天，全家人到餐廳吃大餐，吃美味蛋糕慰勞媽媽辛勞，買適合媽媽的禮物讓媽媽開心，這些慶祝方式非常好，一點都不商業化，安娜想太多啦！

虎大歪：與其讓媽媽休息一天，不如大家天天幫忙分攤家事。就像你，不可以老是依賴媽媽叫你起床，自己的功課也要自己

寫，不要讓媽媽擔心你的課業。你聽過「孟母教子」的故事嗎？

狗小圓：你是說《三字經》裡，「昔孟母，擇鄰處，子不學，打屁股」的那個虎媽？

虎大歪：你少胡說八道，是「子不學，斷機杼（ㄓㄨˋ）」才對。

狗小圓：我知道啦！這幾句我朗朗上口，媽媽常常說偉人的故事給我聽。孟母搬家三次才為兒子找到好學區，沒想到孟子貪玩逃學，她氣得剪掉織好的布來教訓他。我媽不會織布，織布機也被淘汰了，如果我敢逃學，屁股肯定挨揍。

虎大歪：看來令堂對你期望很高，才會說這些故事告誡你。

狗小圓：昨晚，媽媽又說了「岳母刺字」的故事，她說，岳飛的媽媽為了讓兒子銘記「盡忠報國」的訓誡，用繡花針把這四個字刺在他背上，害我邊聽邊發抖。

虎大歪：這是讓人欽佩的故事，你為什麼會嚇到發抖？

狗小圓：我媽知道我昨天又忘記把便當盒帶回家之後，就拿出針線包，一邊縫補舊便當袋，一邊講這個故事給我聽。你說嚇不嚇人？

虎大歪：是有點嚇人。不過，刺青會痛，寫在背上誰也看不見，倒不如用麥克筆在你臉上寫「勿忘便當盒」，包準有效。

狗小圓：寫在我臉上，我哪看得見？

虎大歪：你看不見，但別人看得見，一定會提醒你。把臉湊過來，我剛好有麥克筆。

狗小圓：我不想刺青也不想在臉上寫字，告辭，先走一步。

虎大歪：啊！別跑，乖乖讓我在你臉上寫字。

我要吃母親節蛋糕和大餐，還要做立體卡片和康乃馨送給媽媽，幫媽媽按摩、搥背，說媽媽好漂亮，逗媽媽開心。

母親節做一份「媽媽祕密檔案」，記錄媽媽的生日、血型、星座和嗜好，還有最得意的經歷、最喜歡的化妝品、最想要的母親節禮物⋯，再用媽媽小時候的照片當封面照，一定很有意思。

七 端午節

農曆五月初五

五月五，吃五子，過端午。

狗小圓：農曆五月五，家家慶端午，吃粽子、戴香包，家家掛菖蒲，戶戶收冬衣。

虎大歪：祝福大家端午節平安。端午節是傳統三大節日之一，也稱「夏節」，過了端午節，夏天的「烤」驗正式開始，大家要有「被烤」的心理準備。

狗小圓：說起端午節，有件事我一直覺得奇怪：既然是農曆五月

五，為什麼要說「端午」，而不說「重五」或「端五」呢？

虎大歪：端午節的別名，除了「重五」和「端五」，還有「五月節」、「五日節」等二十多個。不過古人認為五月五日不吉利，不想強調「五」。

狗小圓：兒童節在四月四日，就不怕我們兒童犯忌諱，反倒端午節要避說「五」，大人的邏輯怪怪的。

虎大歪：在五月五日出生的孟嘗君，被爸爸嫌棄，差點變成棄嬰，多虧媽媽偷偷把他扶養長大，後來成為齊國和魏國的宰相。「端」是開始的意思，在農曆中，五月也是「午」月，「五」又與「午」同音，人們為了避「毒月惡日」的忌諱，才會把這一天稱做「端午」。

狗小圓：你是說古人認為五月五日是「毒月惡日」？

虎大歪：沒錯，人們在端午節這天掛菖蒲、插艾草、戴香包，就是為了避邪。

狗小圓：其實，不必講什麼端午或是端五，直接稱做「粽子節」就好了，響亮又好記。

虎大歪：貪吃鬼的思維跟大家就是不一樣，你肯定不知道端午節也是詩人節。

狗小圓：我不但知道端午節是詩人節，還知道是為了要紀念愛國詩人屈原。不過，不瞞你說，他的詩我不太熟，你背兩句我聽聽。

虎大歪：屈原寫過好多詩，我印象最深刻的是「舉世皆濁我獨清，眾人皆醉我獨醒……」

狗小圓：這屈原肯定是個有潔癖又愛吹牛的酒鬼！

虎大歪：你怎麼會有這種怪想法？

狗小圓：有潔癖的人，老覺得別人髒，就他最乾淨，才會說「舉世皆濁我獨清」；酒鬼的酒量好，大家都醉倒了，只有他還醒著，當然要吹牛「眾人皆醉我獨醒」。怎麼樣，我的分析有沒有道理？

虎大歪：你真會瞎掰，屈原是藉由這兩句話，表達不願與大家同流合污、堅持獨善其身的心情。你有空應該多讀書，培養氣質與素養，少看電視，免得愈來愈沒有常識。

狗小圓：我經常讀書呀，平日手不釋卷，有空就去逛書店。

虎大歪：你都讀些什麼樣的書？

狗小圓：職業棒球雜誌、臺灣特色美食、夜市吃透透……

虎大歪：讀這些書是沒辦法彌補你常識的不足，也無法提升你的文化水平的。

狗小圓：都怪屈原不夠有名，《唐詩三百首》我從頭讀到尾，都沒看見他的詩。

虎大歪：哈哈，跟你談詩就像對牛彈琴。屈原是戰國時期楚懷王的大臣，《唐詩三百首》收錄的是唐朝的詩，你這是牛頭不對馬嘴、風馬牛不相及。

狗小圓：早說嘛！屈原既然貴為楚國大臣，最後為什麼放著榮華富貴不享受，跑去投江自盡呢？

虎大歪：他主張聯齊抗秦，遭到強烈反對，後來被拔職流放。當他看見秦軍攻破楚國，祖國被滅亡了，心如刀割，才會在五月五日這天，抱著石頭跳汨(ㄇㄧˋ)羅江自盡。

狗小圓：難怪屈原會被稱為「愛國詩人」，一般人大概只會冷眼旁觀或幸災樂禍吧？也難怪百姓要包粽子、划龍舟來紀念他。說起粽子，我的肚子餓了，一起去吃粽子吧。

虎大歪：貪吃鬼如你，知道端午節有「吃五子，驅五毒」的習俗嗎？

狗小圓：我竟然沒聽說過這等好事，真是虧大了，你快跟我說五子是什麼，我要一口接一口，把它們吞下肚，體驗五子登科，噢不，是五子通吃的快感。

虎大歪：你真是好大口氣，五子是粽子、豆子、茄子、李子、桃子。

狗小圓：都是端午節常見的食物。驅五毒又是哪五毒呢？

虎大歪：五毒是蛇、蠍子、蜈蚣、蟾蜍、壁虎。俗諺說「食菜豆食至老老，食茄人較會超騰」，再加上這時節剛上市的桃子和李子，當季蔬果配粽子，健康又美味。

狗小圓：蛇、蠍子和蜈蚣是有點可怕，蟾蜍和壁虎我倒滿喜歡的。五子當中除了李子太酸我不愛之外，其他我都喜歡。

虎大歪：偏偏你得多吃李子，因為「五月節呷桃子肥，呷李子瘦」，端午這天，瘦子吃桃子可以強健身體，胖子吃李子會變瘦。你是貪吃的小胖子，得多吃李子。

狗小圓：哼！你比我還需要吃李子，你留著自個兒慢慢享用。

虎大歪：我身材強壯，吃桃、吃李都合適，倒是你……

狗小圓：我怎樣？

虎大歪：目前還沒發現讓傻瓜變聰明的食物，傻瓜無藥醫，你自求多福吧！

狗小圓：你又拐個彎罵我，五毒應該把壁虎改成虎大歪才對，哼！

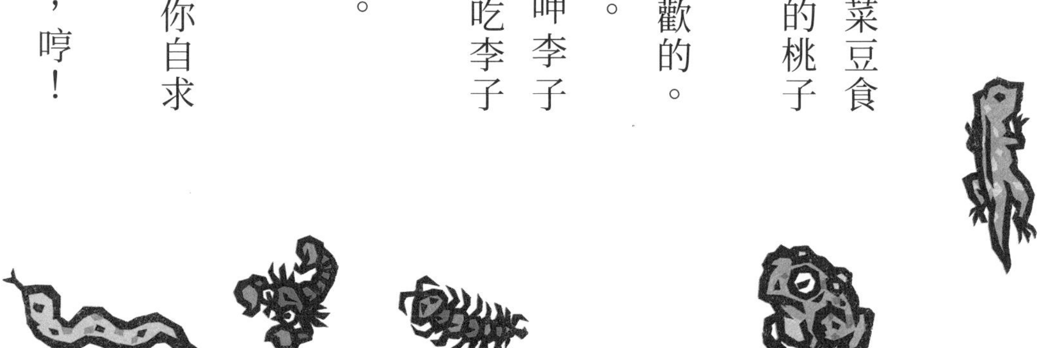

端午節除了吃粽子，還要吃豆子、茄子、李子和桃子，吃五子，驅五毒，吃東西可以驅毒，真是好習俗。除了看龍舟競賽，別忘了收集午時水和挑戰立蛋！
端午節記得在門口插上艾草和菖蒲、戴上香包避邪。我們也能到中藥行買香包粉，自製香包，環保又清香。
圓

八 父親節

國曆八月八日

爸爸真偉大，過節不放假。

虎大歪：八月八日是父親節，小圓計畫好要怎麼幫你爸爸熱鬧慶祝了嗎？

狗小圓：我早就問過爸爸了，他叫我什麼事都別做。

虎大歪：怎麼可能！母親節你做卡片、送搥背券給媽媽，你爸爸一定很吃味，也想要一份。

狗小圓：爸爸說我畫的卡片像鬼畫符，搥背的力道像蜻蜓點水，要

我別費心，只要我乖，他就開心。

虎大歪：你爸爸究竟是怎麼說的？從實招來。

狗小圓：爸爸說：「吃大餐是我買單，買禮物是我出錢，父親節成了『付清節』，還是免了吧。你老是調皮搗蛋，到處惹事生非，父親節這天你什麼都別做，乖乖待在我身邊，別惹媽媽不開心，我就開心。」

虎大歪：知子莫若父！令尊的話真是一語中的。你呀，要少調皮、多努力，才能光耀門楣，讓你爸爸體驗一下「五子登科」的快感。

狗小圓：我爸爸除了銀子少了些，妻子、房子、兒子和車子都有，早就五子登科了。

虎大歪：我說的不是新版的五子登科，而是《三字經》裡「竇燕山，有義方，教五子，名俱揚」的竇禹鈞，他的

五個兒子全都考上進士，成為國家棟梁，這就是「五子登科」典故的由來。

狗小圓：原來五子登科是指五個兒子登科及第，這位寶爸爸既能生、又會養，真是太厲害了，佩服佩服。

虎大歪：還有更厲害的，父親節的發起人——美國華盛頓州的多德夫人，他們家有六個孩子。

狗小圓：哇！要生養六個小孩，應該是媽媽比較辛苦，怎麼會紀念父親呢？

虎大歪：多德夫人十三歲的時候，媽媽因為生產第六個孩子時難產去世，從此她的爸爸父兼母職，含辛茹苦的把六個小孩養育長大，在一九〇九年與世長辭。

狗小圓：偉人大都命運多舛(ㄔㄨㄢˇ)，好人通常不長命，看來，還是當平凡的壞蛋比較好。

虎大歪：你這是什麼歪理？你畫錯重點啦！父親去世的那一年，多德夫人參加完母親節的禮拜之後，向牧師表達非常感念父親的辛勞，希望能有一個特殊的節日，紀念偉大的父親。

狗小圓：安娜為了完成母親遺願，鼓吹創立母親節；多德夫人為了感謝父親辛勞，積極催生父親節。這兩個孝順的女兒雖然力量微薄，但是毅力驚人，讓我佩服。

虎大歪：隔年一九一〇年，在牧師協助之下，第一個父親節就在六月的第三個星期日誕生了，很多國家也都選在這一天慶祝父親節。

狗小圓：看來我媽得再幫我多添幾個弟弟妹妹，爸爸才有可能留名青史。

虎大歪：你又畫錯重點啦，好孩子一個不嫌少，像你這樣的調皮蛋一個就好，如果家裡有一窩小搗蛋，豈不是要鬧翻天！

狗小圓：就你最乖！你倒是說說，你要怎麼樣慶祝父親節，討爸爸歡心？

虎大歪：這我有做功課，問我就對了。首先，我要效法日本人慶祝父親節方式，寫一張感謝卡片，大聲朗讀給爸爸聽。

狗小圓：我也來寫一張卡片，感謝爸爸帶我去海水浴場玩水，雖然他還沒答應要帶我去。

虎大歪：接下來我要帶爸爸去泡溫泉，還要幫他刷背。

狗小圓：這個簡單，只要爸爸肯帶我去海水浴場，我可以用沙子幫他刷背。再來呢？

虎大歪：再來我要跟美國的小朋友一樣，在父親節早上做早餐給爸媽吃，讓他們開心快樂睡到自然醒。

狗小圓：早起做早餐，這有點困難，我可以前一天晚上到樓下便利商店，買打折的飯糰和三明治，給爸爸當早餐。

虎大歪：最後還要說服媽媽，讓爸爸放假一天，像德國爸爸一樣，盡情喝酒、瘋狂玩樂，只要記得喝酒不開車就行。

狗小圓：這個難度太高啦！我們的父親節不放假，爸爸沒

湯

辦法盡情喝酒不工作，而且我爸酒量差，喝幾口啤酒就會醉得大聲唱歌。說也奇怪，大部分國家都在六月的第三個星期日慶祝父親節，和母親節間隔不久，還可以放假，為什麼我們的父親節會選在八月八日呢？

虎大歪：一九四五年八月八日，上海率先發起「父親節」紀念活動，緬懷為國捐軀的父親。因為八月八日的諧音和爸爸相似，而且國字「八八」連綴在一起，就是「父」字。抗日戰爭勝利後，上海市各界名流聯名建議中央政府，把這一天定為父親節。

狗小圓：原來如此！因為諧音而選定八月八日當父親節，雖然很有意思，但是八月八日沒有放假，害我不能好好幫爸爸過節，真是太可惜了。

虎大歪：你是因為爸爸沒放假，不能帶你去海水浴場玩水，才覺得

可惜吧！

狗小圓：生我者父母，知我者大歪也。古人稱老虎為「大蟲」，大歪，你真是我肚子裡的大蛔蟲。

虎大歪：我不是大蟲，也不想當你肚子的大蛔蟲！無論有沒有放假，你都可以幫爸爸過節，不是嗎？

狗小圓：是啊！而且，我也推敲出父親節不放假的理由了。

虎大歪：噢，說來聽聽。

狗小圓：那些在抗日戰爭中為國捐軀的爸爸們，已經在天堂度假，不需要放假了。而我們家爺爺奶奶年紀大，小圓能吃食量大，還要補習學才藝，革命還沒成功，爸爸仍須努力——工作賺錢。你說是不是？

虎大歪：明明是歪理，卻有點道理。哎呀，我看見令尊在臺下，一臉鐵青，你快找個地方躲好。

爸爸要的不多，只要豪爽的拿出零用錢，招待爸爸吃大餐——排骨便當，再烤個蛋糕當甜點，做張立體卡片，幫爸爸按摩搥背，稱讚爸爸好英俊，都可以逗爸爸開心！

做一份「爸爸祕密檔案」，記錄爸爸的生日、血型、星座和嗜好，最得意的事、最喜歡和最討厭的食物，找出爸爸小時候的照片，看看爸媽的結婚照，一起回憶過去。

慶豐收

中元節｜中元慶豐收，普渡濟眾生

中秋節｜中秋賞月亮，烤肉吃月餅

重陽節｜重陽節登高，賞菊吃花糕

萬聖節｜給糖給糖，不給糖就搗蛋

九 中元節

農曆七月十五日

中元慶豐收，
普渡濟眾生。

虎大歪：農曆七月十五日，中元節到了！咦？小圓你拿兩根炸雞腿做什麼？

狗小圓：我特別拿了這兩根炸雞腿要來孝敬大歪，祝福大歪，中元節快樂！

虎大歪：別別別！人鬼殊途，中元節不是我們過的節日，你可別亂講話。

狗小圓：中元節怎麼不是我們過的節日？你看，到處都有熱鬧的活動，糖果餅乾飲料擺滿桌，還有放水燈和搶孤可以看，我覺得中元普渡和上元鬧元宵一樣有趣！

虎大歪：農曆七月俗稱「鬼月」，七月初一鬼門開，孤魂野鬼出來趴趴走，禁忌很多……

狗小圓：聽說中元普渡的食物被好兄弟吃過，所以特別容易壞，有沒有這種事？

虎大歪：你真是沒常識！那是因為夏天天氣炎熱再加上拜拜時間長，食物當然容易壞。古人稱農曆七月為「瓜月」或「巧月」：因為瓜果通常在這時候成熟，所以稱「瓜月」；而女孩子會在七夕時向織女「乞巧」（祈求自己能夠心靈手巧），所以又稱「巧月」。古時候並沒有「鬼月」的說法。

狗小圓：那麼鬼月是誰想出來嚇人的呢？鬼月的禁忌多如牛毛，一整個月不能買賣房子、不能買車賣車、不能游泳戲水，婚喪喜慶全都不宜，害得商家生意冷清、荷包空空。

虎大歪：中元節在漢代是慶賀秋天豐收、酬謝大地的節日，「鬼月」是近代才有的說法。

狗小圓：慶豐收的節日，為什麼會演變成中元普渡呢？

虎大歪：農曆七月十五日是地官大帝——舜的生日，道教信徒會舉辦「中元祭」祭拜祖先與陰間鬼魂。而佛教的「盂蘭盆節」也在這一天舉行，同樣也是希望能透過祭祀和法會，讓受苦的鬼魂得到救贖。

狗小圓：盂蘭盆節？盂蘭是什麼品種的蘭花？盆是指花盆嗎？

虎大歪：「盂蘭」來自印度梵語的音譯，意思是「解救倒懸」，拯救地獄中受苦的鬼魂；「盆」是指用盆子裝百味五果，布施給餓鬼。

狗小圓：這是「目蓮救母」的故事嘛！傳說佛祖的弟子目蓮，看見死去的母親淪落在惡鬼群裡，饑餓又痛苦，就拿缽盛飯端給母親，可是飯一入口就立刻變成炭火，目蓮因為不忍心母親受苦，跟佛祖請求，希望能拯救母親脫離地獄。

虎大歪：沒錯！佛祖告訴目蓮，他的母親生前自私刻薄、不做善事，才會有這種恐怖的報應。如果他在農曆七月十五日這天舉辦普渡，就可以幫助他的母親和其他鬼魂脫離苦海，這就是盂蘭盆節的由來。

狗小圓：聽你這樣一講，我想起《可可夜總會》這部好看的動畫！

虎大歪：動畫電影《可可夜總會》描述的墨西哥亡靈節、日本盂蘭盆節，還有我們的中元節，其實都很類似，透過祭祀表達對逝者的想念，也不忘憐憫孤魂野鬼，都是具有正面意義的節慶。

狗小圓：我爸爸的同事是日本人，他在國曆七月就過盂蘭盆節，還用小黃瓜和茄子做成「精靈馬」，那些精靈馬小巧可愛、很有創意，我也做幾隻給你玩。

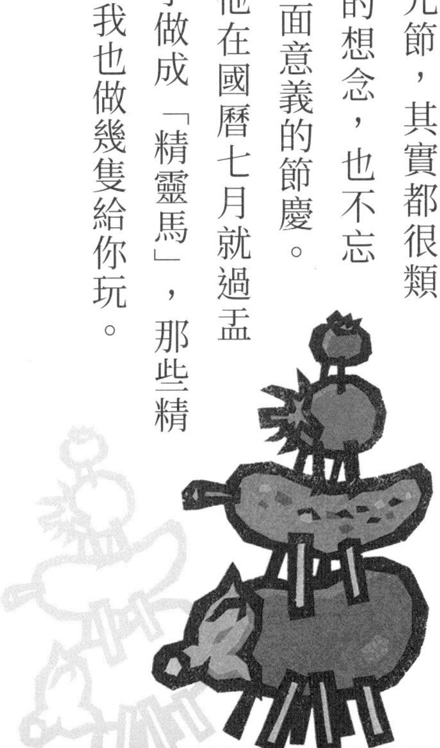

虎大歪：日本在明治維新後，有些地方把盂蘭盆節改到國曆七月，但是大部分還是維持在國曆八月中旬，時間或許不一致，但是慎終追遠的意義不變。你說的那個精靈馬是祭品，不是玩具，你自己留著玩就好。

狗小圓：這麼可愛的小玩意兒，怎麼會是祭品？

虎大歪：小黃瓜插上牙籤做成馬，圓胖的茄子插上牙籤變成牛，合稱「精靈馬」，希望祖先騎著小黃瓜馬快速返回陽間，享受親人的供奉，過了盂蘭盆節，再騎著茄子牛，慢慢走回陰間。

狗小圓：既然精靈馬是供品，我還是別做了，我們一起去看放水燈和搶孤，過節總是要熱鬧一下。

虎大歪：這兩項活動都會持續到大半夜，我年紀大，習慣早睡，還是在家睡覺比較好；你年紀小，晚上不

要在外面亂跑，免得……

狗小圓：中國人怕鬼，西洋人也怕鬼，作惡多端的虎大歪尤其怕鬼，恐怖喔，恐怖到了極點。

虎大歪：平時不做虧心事，半夜敲門心不驚，我沒什麼好怕的。

狗小圓：如果你什麼都不怕，為什麼不跟我一起
去看放水燈和搶孤呢？

虎大歪：我就實話實說吧。你的仇家多，月黑風高
視線差，我擔心走在你身邊，一個不小心就成
了你的替死鬼。

狗小圓：我哪有仇家？你這個膽小鬼，不敢承認自己怕黑又怕
鬼，亂講話誣蔑我，真是活見鬼，哼！

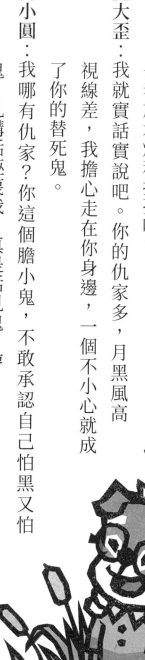

爸爸，我長大了，可以幫忙提東西、搬重物，中元節要到大賣場採買時，不要忘了帶我一起去喔。
中元節在古代原本是慶賀秋天豐收、酬謝大地的節日，深入了解日本的盂蘭盆節和墨西哥的亡靈節就會發現：不論中外，這些節日都有緬懷祖先、慎終追遠的意義。
圓

十 中秋節

農曆八月十五日

中秋賞月亮，烤肉吃月餅。

狗小圓：在眾多節日中，我第一盼望春節，第二期待的就是中秋節，我朝思暮想的中秋節終於到了！

虎大歪：二十四節氣中，你不是最喜歡清明嗎？

狗小圓：哎喲，你還記得這回事！

虎大歪：因為清明是唯一被定為國定假日的節氣，所以你最喜歡。

狗小圓：清明可以放假，又可以享用美味春捲，真是太美好了。

虎大歪：和你相處愈久，我就愈了解吃貨的思維，你對節日的喜好，是用放假與否和美食的多寡來排名的吧？
狗小圓：一點都沒錯，知我者大歪也！
虎大歪：少肉麻了。但你是不是忘了端午節？端午節也是國定假日，也有好吃的粽子。
狗小圓：你聽我說，月餅的口味比粽子多，還有海陸空三鮮烤肉趴，以及解膩助消化的柚子，中秋美食勝端午，端午節排第三名。
虎大歪：你這麼愛吃，當心月圓人也圓，小圓變肉圓。
狗小圓：爸爸也這麼說，還把月餅禮盒藏起來，我得背一首中秋應景詩，才能換一個月餅。
虎大歪：一山還有一山高，令尊這招真是太高明了。你現在背完幾首詩、換了幾個月餅啦？
狗小圓：只換到一個，是不是很可憐？我推測中秋節過後，小圓不

但不會變肉圓，反倒會變成小湯圓，都怪中秋節的詩詞又長又難背，有些還很奇怪。

虎大歪：中秋節的詩詞都很優美，哪裡奇怪？

狗小圓：像是「應將胡餅邀蟾蜍」這句，「胡餅」是月餅的舊稱我知道，可是吃月餅幹麼要邀請蟾蜍呀？優美詩詞怎麼會寫到蟾蜍和蛤蟆？

虎大歪：一點也不奇怪。早在戰國時期，古人就傳說月亮之中有蟾蜍，也有古書記載嫦娥奔月後變成了蟾蜍，所以「邀蟾蜍」和「邀明月」是差不多的意思。

狗小圓：西方有王子變青蛙的故事，我們有嫦娥變蟾蜍的傳說，把帥哥美女變成醜八怪，只能怪他們長得太美、太帥，真是活該。原來月亮上除了有嫦娥、玉兔、吳剛、桂樹，還有蟾蜍。

虎大歪：月亮的別名有很多，常見的有「蟾宮」、「嬋娟」、「玉盤」、「玉兔」、「玉蟾」、「寶鏡」、「桂宮」、「廣寒」……喂！你別光顧著吃烤肉，抬頭看看月亮的陰影，就知道緣由了。

狗小圓：關於月亮裡有蟾蜍的事，你還知道些什麼？你多講些，我多了解些，也好多背幾首詩。

虎大歪：有句詩這麼寫，「三五明月滿，四五蟾兔缺」，三五一十五，農曆十五月亮圓；四五二十，月亮缺了一角。「蟾兔」指的就是月亮，前面寫明月，後面說蟾兔，才不會重複！

狗小圓：太棒了！知道月亮跟蟾蜍的關係，之後我可以背的詩又更多了。

虎大歪：來！把你唯一背起來的那首詩背給我聽聽。

狗小圓：就是李商隱寫的〈嫦娥〉，「雲母屏風燭影深，長河漸落曉星沉。嫦娥應悔偷靈藥，碧海青天夜夜心。」我能理解嫦娥懊悔的心情，很快就背好。

虎大歪：嫦娥吃了西王母賞賜給丈夫后羿的仙丹，可以長生不老，有什麼好懊悔的？她太不知足了。

狗小圓：我在家悶一天就受不了，嫦娥被困在月亮裡千百年，一定很無聊。中秋夜在廣寒宮看我們烤肉吃月餅，肯定又餓又饞又生氣，才會叫吳剛去罰跪。

虎大歪：哎喲！你怎麼會以為吳剛被嫦娥「罰跪」呢？吳剛是拿斧頭砍伐桂樹，簡稱「吳剛伐桂」。

狗小圓：嫦娥在月亮裡看我們烤肉吃月餅，就叫吳剛去「伐桂」，沒想到吳剛砍了老半天，桂樹毫髮無傷，嫦娥以為吳剛偷懶，就叫他去「罰跪」。我說得有沒有道理？

虎大歪：你亂講，嫦娥肚子餓跟吳剛伐桂有什麼關係？

狗小圓：砍桂樹升火，準備烤肉呀！

虎大歪：幸好吳剛不是吃貨，不然桂樹早被他砍倒了。再說，桂樹是高貴的樹材，拿來烤肉太浪費了，跟「焚琴煮

鶴」一樣沒水準。你說說看，中秋節為什麼要烤肉？

狗小圓：因為月餅太甜，吃多了會膩，搭配鹹香的烤肉剛剛好，古人真有智慧！

虎大歪：只有我們會在中秋烤肉，而且是九〇年代才開始盛行，和古人沒關係。港澳、新加坡、馬來西亞和越南，中秋節的習俗是提花燈、逛燈會。

狗小圓：元宵提花燈才有氣氛，中秋賞月就要吃月餅，花前月下烤肉香，對味又開胃。

虎大歪：中秋習俗大不同，傳說也眾說紛紜，「吳剛伐桂」和「嫦娥奔月」就有很多不同的版本。

狗小圓：嫦娥比阿姆斯壯更早登月成功，不過她吃的靈藥只能讓她飛上月亮，沒辦法回到地球來，有去無回，沒機會上電視大吹大擂！

虎大歪：唐玄宗遊月亮的傳說就更厲害了，不但有去有回，還帶了狗小圓：真有這回事？紀念品是什麼？好吃嗎？紀念品。

虎大歪：唐玄宗飛上月亮後，廣寒宮的宮門深鎖，嫦娥在裡面彈琴，不理他。玄宗記下音樂，回來之後編成動人的〈霓裳羽衣曲〉。

狗小圓：〈霓裳羽衣曲〉能聽不能吃，一點都不優。換做是我，沒嘗到玉兔搗的麻糬，絕對不回來！

虎大歪：玉兔拿著玉杵搗的是「仙丹」，不是麻糬，這仙丹又稱「蛤蟆丸」，吃了可以長生成仙，你吃了蛤蟆丸就得待在月亮陪嫦娥。

狗小圓：沒有麻糬吃，我才不上月亮。蛤蟆丸的成分該不會是癩蛤蟆吧？就算吃了可以成仙，一想到就噁心，我堅決不吃。

虎大歪：上月亮的旅費太貴了，不管蛤蟆丸的成分是什麼，你我都沒有口福。我教你一首月亮詩，換月餅吃比較實際。

狗小圓：好好好，等我換到月餅，分你咬一口。

虎大歪：「床前明月光，疑是地上霜。舉頭望明月，低頭思故鄉。」這首詩有兩個明月，應該可以換兩個餅。

狗小圓：這首詩我三歲就會背了，只是太簡單，沒有放心上。月餅我要留著自己慢慢享用，你去跟嫦娥要蛤蟆丸吃吧。

中秋節戴著柚子帽，吃月餅搭配烤肉大餐，讓玉兔看了流口水，嫦娥和吳剛只羨小圓不羨仙。
欣賞空中的明月，吟唱張九齡的〈望月懷遠〉，「海上生明月，天涯共此時。情人怨遙夜，竟夕起相思。滅燭憐光滿，披衣覺露滋。不堪盈手贈，還寢夢佳期。」不知道能不能背這首詩去跟小圓爸爸換月餅？
圓

十二 重陽節

重陽節登高，賞菊吃花糕。

農曆九月九日

虎大歪：農曆九月九日是重陽節，「九九」的諧音是「久久」，祝福小圓長壽九九，健康久久。

狗小圓：重陽節又稱「敬老節」，和我沒關係，我年紀小，你年紀老，應該是我祝賀你長壽九九，健康久久。

虎大歪：重陽節美食很多，有麻糬、壽桃、發糕、重陽糕、豬腳麵線、羊肉麵……怎麼會跟你沒關係？

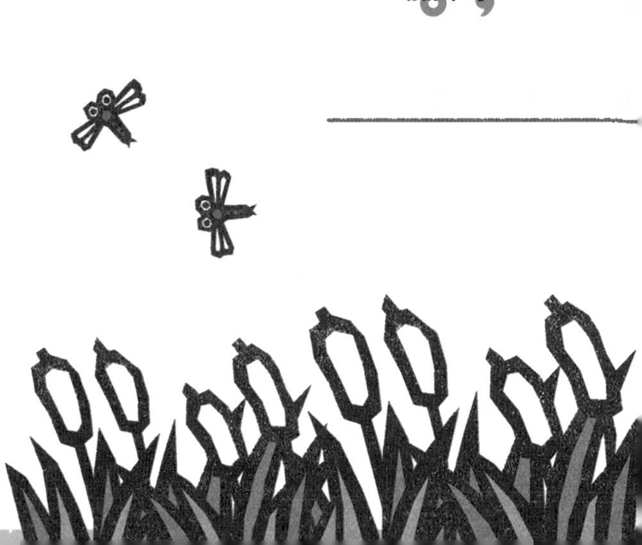

狗小圓：哎呀！人有失神，馬有亂蹄，你剛才的祝福我收下了。麻糬不好消化、豬腳不容易咬，你年紀大，牙齒不好，不適合吃這些，我可以幫你效勞。

虎大歪：年紀大，正好可以吃豬腳補充膠質，只要滷得軟爛就好；牙齒不好，吃軟軟的麻糬剛剛好！沒有把重陽節說清楚，你休想吃豬腳和麻糬。來，跟大家說說，重陽節應該要做些什麼？

狗小圓：我知道重陽、除夕、清明、中元是傳統的祭祖四大節日，還知道在香港和澳門，重陽節跟清明節是國定假日，要放假掃墓祭祖，如果我們在重陽節也能放假，就更棒了。

虎大歪：重陽節的核心意義是敬老崇孝，古人每到重陽節還有登高避禍、插茱萸驅邪、喝菊花酒防瘟疫的習俗。

狗小圓：端午插艾草、重陽插茱萸，端午喝雄黃、重陽喝菊花酒，都是為了驅邪防疫。端午在五月五，重陽在九月九，五和九都是奇數，古人是不是覺得是奇數都不吉利呀？

虎大歪：《易經》把偶數定為陰數，奇數定為陽數，九月九日的日與月都是陽數，兩個陽數重疊，才會稱做「重陽節」。古人視帝王為「九五至尊」，可見九和五都是吉祥的數字。

狗小圓：如果九和五都是吉祥的數字，為什麼要在這兩個大吉大利的日子驅邪防疫呢？

虎大歪：小圓長智慧了，問了一個好問題。端午節在春夏交替，重陽節在秋冬交替，季節轉換的時候溫差大，一不小心就容易生病，古人選在這兩個時節驅邪防疫，是有道理的。

狗小圓：原來如此。端午節可以講屈原的故事，那重陽節有什麼好聽的傳說嗎？

虎大歪：東漢時代，汝南縣有個叫桓景的人，他的家鄉發生瘟疫，

父母因此病死，他便離開故鄉，跟仙人費長房拜師學藝。

狗小圓：好巧，爸爸昨晚也講這個故事給我聽。仙人給桓景一把降妖青龍劍，還教他劍法。喝！我也要跟仙人拜師學藝，用降妖青龍劍斬妖除魔。

虎大歪：把你的玩具球棒放下，別打到我的頭。

狗小圓：我這是軟綿綿的玩具球棒，就算打到也不會痛的。喝！大歪看劍。

虎大歪：再叫我看劍，你就得看我吃麻糬。還想聽故事，就安靜點。

狗小圓：看，劍放在抽屜裡了，我可以一邊吃麻糬，一邊聽故事了嗎？

虎大歪：仙人告訴桓景，農曆九

月九日，瘟魔又會作怪，你得快去除害。桓景回到家鄉，把仙人給的茱萸分給大家，又叫大家喝菊花酒，並且登上高山躲避瘟魔。

狗小圓：接下來一定是桓景拿著降妖青龍劍殺死瘟魔，拯救大家的性命，然後百姓就過著幸

福快樂的生活，對吧？

虎大歪：沒錯。從此以後，就有在九月九日重陽節佩戴茱萸、登高避禍、喝菊花酒的習俗。

狗小圓：王維在重陽節寫了〈九月九日憶山東兄弟〉這首詩，「獨在異鄉爲異客，每逢佳節倍思親。遙知兄弟登高處，遍插茱萸少一人。」不知道他們有沒有喝菊花酒？

虎大歪：小孩子不能喝酒，來，

這束菊花送給你，祝福你壽比南山。

狗小圓：謝啦，菊花不吉利，你還是留著自個兒欣賞吧。

虎大歪：「菊」和「吉」諧音，農曆九月又稱為「菊月」，菊花還有「延壽客」之稱，象徵吉祥長壽。梅、蘭、竹、菊合稱「四君子」，是文人寫詩作畫常見的題材。

狗小圓：如果菊花象徵吉祥長壽，為什麼常常在葬禮上看見菊花呢？

虎大歪：可能是受了西方風俗的影響，歐洲傳統文化認為菊花是墓地之花，拉丁美洲也視菊花為「妖花」。

狗小圓：難怪人家說遠來的和尚會念經，外國人說菊花不吉利，我們也跟著說菊花不好，真是「崇洋」！

虎大歪：在古人眼中，秋天百花凋謝，只有菊花凌霜而開，有隱士的風範，非常高雅。不為五斗米折腰的陶淵明最愛菊花，

還寫了很多詠菊的詩。

狗小圓：我知道這首詩，讓我背給你聽：「故人具雞黍，邀我至田家。綠樹村邊合，青山郭外斜。開軒面場圃，把酒話桑麻。待到重陽日，還來就菊花。」這首詩有鹽酥雞和烤玉蜀黍，讀起來很有「味道」，我一下子就背熟了。

虎大歪：古代哪有鹽酥雞？「雞黍」是指雞肉和小米飯，而且這首是唐代孟浩然寫的詩，陶淵明寫的是「採菊東籬下，悠然見南山」那首。

狗小圓：哎呀！陶淵明那首詩肯定沒有寫到好吃的東西，我才會記不住。

虎大歪：看著你，我突然了解陶淵明「此中有真意，欲辨已忘言」的意思了。

狗小圓：這句我知道！是指你看見我的真心誠意，即使想和我辯論，也忘了該說什麼，對吧？

虎大歪：不不不，我是遇到貪吃鬼狗小圓，整個人傻眼又無言。

重陽節
當然要吃重陽糕點，傳統糕餅店會做「紅龜粿」，每一種餡料的紅龜粿都吃一個，幸福滿點。再約三五好友一起去放風箏，跑跑跳跳肚子很快就餓了，吃豬腳配麻糬，為佳節畫上完美句點。

重陽節當然也要爬山，一邊登高望遠，一邊吟誦王維的〈九月九日憶山東兄弟〉，「獨在異鄉為異客，每逢佳節倍思親。遙知兄弟登高處，遍插茱萸少一人。」

十二 萬聖節

給糖給糖，不給糖就搗蛋。

國曆十月三十一日

虎大歪：小圓，你在萬聖節背個大背包，手拿個大提袋，神祕兮兮，打什麼鬼主意？

狗小圓：中元節剛過，我就開始計畫萬聖節了。背包裡是我精心準備的兩套妖怪裝，這個大提袋要用來裝糖果，沒有裝滿好吃的糖果，我絕對不回家。

虎大歪：怪了，你是單身狗，為什麼要帶兩套妖怪裝？

狗小圓：我一套你一套啊。瞧，你的斗篷、領結、帽子還有尖牙，樣樣俱全。今天我們行程滿檔，你廢話少說，我們早點講完，早點扮鬼去要糖。

虎大歪：我的老天「鵝」呀！說是萬「聖」節，其實是萬「鬼」節，恐怖的妖魔鬼怪傾巢而出，真假難分好嚇人。我怕黑又怕鬼，最討厭萬聖節，今晚絕對不出門。

狗小圓：瞧你一臉橫肉、橫眉豎目，長相兇惡的樣子，板起臉來，任誰看了都倒退三步，裝扮成吸血鬼一定更嚇人。今晚你一定要跟我出門，有你在我才安心。

虎大歪：敢說我壞話？你膽大包天。

狗小圓：我這哪是說你壞話？不管是真鬼、假鬼還是小鬼，老虎吸血鬼一出現，全都變成縮頭烏龜，不敢和我搶糖果，多棒。

虎大歪：說得也對，我是大老虎，為什麼會害怕看不見、

摸不著的鬼怪呢？

狗小圓：在萬聖節，我們小孩可以盡情搗蛋，糖果多到吃不完，我恨不得能多過幾次，你怎麼能錯過？

虎大歪：歐洲的凱爾特人認為死神在十月三十一日，會和鬼魂一起重返人間，把人帶往地獄，這一天被稱為「死人之日」或「鬼節」。你為了幾顆糖果就要出門冒險，萬一遇到死神，當心真的變成貪吃「鬼」。

狗小圓：你這故事還有後半段，為了嚇走鬼魂，凱爾特人會戴上面具，用動物的頭或皮毛裝扮自己，每個人都扮成鬼就能「以假亂真」，和鬼玩躲貓貓。我是貪吃鬼，你是膽小

鬼，剛好湊一對，討糖最速配。

虎大歪：哼！我才不是膽小鬼，不想和你湊一對，更不想和鬼玩躲貓貓。萬聖節和中元節本來都是秋天慶豐收、謝天地的節日，後來卻都演變成鬼節，巧合得很詭異。

狗小圓：慶祝豐收要敬天、謝地、酬鬼神，我們舉辦中元普渡來款待好兄弟，他們扮鬼和鬼玩捉迷藏，用糖果討好搗蛋的小鬼；我們放水燈，他們擺南瓜燈。古今中外都有創意，一點也不詭異。

虎大歪：說到可愛的南瓜燈，我的興致就來了。傳說有個叫做傑克的凱爾特人，既是酒鬼又愛耍小聰明，死神來帶他走的時候，他哀求死神爬上樹，幫他摘一顆蘋果。

狗小圓：傑克叫死神幫他摘蘋果？真是膽大包天，比我還貪吃。

虎大歪：傑克把死神騙上蘋果樹之後，就在樹幹上釘十字架，困住死神，讓他下不來。

狗小圓：這下換成死神哀求傑克拿掉十字架，放他下來啦。

虎大歪：傑克要死神保證永遠不會帶走他的靈魂，才願意拿走十字架，死神為了脫身，只好答應。

狗小圓：傑克竟敢玩弄死神，真是不知死活。不過，蘋果樹跟南瓜燈有啥關係？

虎大歪：傑克生前酗酒又吝嗇，死後被拒絕進入天堂，地獄的死神也信守諾言不肯收留他的靈魂，傑克就成了孤魂野鬼。

狗小圓：傑克這叫聰明反被聰明誤，以為自己騙過死神，其實是害了自己。

虎大歪：死神不肯讓傑克進地獄，但是給他一小塊炭火，他把炭火放進挖空的蘿蔔，提著蘿蔔燈在人間四處流浪。

狗小圓：你別矇我，明明是南瓜燈，怎麼會變成蘿蔔燈？

虎大歪：歐洲移民到美國後，發現南瓜比蘿蔔更大、更好雕刻，更適合做成燈籠，蘿蔔燈才演變成現在的南瓜燈。

狗小圓：酒鬼傑克雖然可惡，但也很可憐。鬼魂沒什麼好怕的，「冤有頭、債有主」，大歪不做虧心事，不怕鬼怪來敲門。

虎大歪：沒錯！何況十一月一日是天主教的「諸聖節」，又稱「萬聖節」，用來紀念聖人；十一月二日的「追思已亡日」則是追思去世的親朋好友。十月三十一日晚上的「萬聖夜」只是諸聖節的前夜，我沒做虧心事，不該怕鬼，也不該害怕萬聖節。

狗小圓：既然你這樣說，來吧！跟我一起去要糖果。你扮成老虎吸血鬼，我要扮成豬。

虎大歪：扮豬？你為什麼不是扮成妖魔鬼怪？難不成你也怕鬼？

狗小圓：難得有機會可以「扮豬吃老虎」，我怎麼能錯過呢？

虎大歪：你忘了我現在是老虎吸血鬼啦！豬小圓，你最好趕快跑。

萬聖節當然要扮成妖魔鬼怪，拿著大桶子，四處敲門要糖果。收集到一年份的糖果額度後，回家記得要藏好，免得被偷吃、沒收。

萬聖節的「不給糖就搗蛋」活動都在晚上舉行，我怕黑又怕鬼，不想出門，只好裝扮成吸血鬼，準備一大桶美味糖果，在家等小朋友來敲門。

好過年

感恩節｜感恩節到，火雞快逃

聖誕節｜聖誕好快樂，分享好開心

灶王節｜臘月吃粥慶尾牙，祭祖送神迎新年

除夕｜除夕貼春聯，圍爐迎新年

十三 感恩節

國曆十一月的第四個星期四

感恩節到，火雞快逃。

狗小圓：十一月下旬有個可以「大吃一斤」節日，大歪知道嗎？我唱首歌提醒你，「感恩的心，感謝有你……」

虎大歪：夠了夠了，這首歌的風格跟你不搭，你應該唱〈稻草裡的火雞〉，這首歌比較符合你的氣質。

狗小圓：〈稻草裡的火雞〉？有這首歌嗎？怎麼唱？

虎大歪：我唱給你聽，「哎呀不得了，這個真糟糕。我的火雞呀，跑到哪兒去了？快點找一找，快點找一找，原來牠偷偷跑到菜園裡去了。快來快來，快來快來，我們圍起菜園快把牠捉到。看見我們，牠又跑到稻草裡去了⋯⋯」

狗小圓：呵呵，想不到你們「恐龍世代」的兒歌滿有意思的。

虎大歪：把我說成「恐龍世代」，是在暗諷我年紀大，跟不上你們的「小豬世代」嗎？我早就知道你所謂的可以「大吃一斤」的節日，是指國曆十一月最後一個星期四的感恩節，才會唱火雞歌營造氣氛。

狗小圓：就說你是恐龍吧！你落伍了，早在一九四一年，美國的小羅斯福總統就把感恩節從最後一個星期四，改到第四個星期四啦。

虎大歪：十一月的第四個星期四，通常也是最後一個星期四，而且，不管感恩節在哪一天，都跟你我沒關係，那是外國人

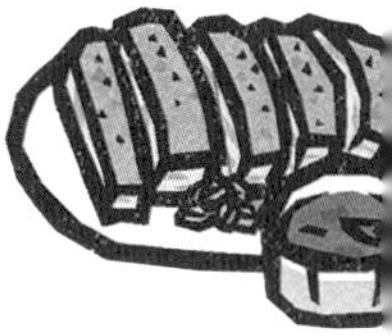

的節日，我們既不放假，也沒什麼慶祝活動。

狗小圓：呵呵，和你沒關係，跟我關係可大了。

虎大歪：感恩節跟你有關係？難不成你這個貪吃鬼，為了吃感恩節大餐，要移民美國啦？

狗小圓：當然不是。這個學期我們班上來了個轉學生，老師知道我英俊帥氣、熱情善良、英語能力強，讓他坐我旁邊，要我多照顧他。

虎大歪：照顧新同學是應該的，和感恩節有什麼關係？

狗小圓：新同學的爸爸是美國人，為了感謝我關照他的小孩，特別邀請我到他們家過感恩節。這是我第一次開洋葷，為了避免出糗，我還上網做功課，把感恩節研究個透徹。

虎大歪：看不出來你這麼用功，來，跟大家說說你的研究心得。

狗小圓：感恩節最讓人期待的就是感恩節大餐！傳統感恩節大餐有巨無霸烤火雞、馬鈴薯泥、青豆砂鍋、玉米、地瓜、麵

包、南瓜派，還有酸甜可口的蔓越莓醬，搭烤火雞最速配，我同學說這些好菜當天都會有，我好期待。

虎大歪：你這個貪吃鬼，說得我口水流滿地。你有沒有順便查一下感恩節的由來呢？

狗小圓：當然有。一六二〇年，一群流亡在外的英國清教徒，搭乘木製帆船「五月花號」來到美洲，抵達時正值隆冬，在飢寒交迫下，很多人染病身亡，倖存的人在印第安人的幫助下，學會狩獵及農作。第二年作物收成後，他們邀請印第安人一起慶祝豐收，這是目前最廣為人知的感恩節起源。

虎大歪：感恩節的起源眾說紛紜，這是其中之一。

狗小圓：而只要一說起感恩節的火雞大餐，大家就有共識了。

虎大歪：說到火雞，我有個疑問，既然是慶豐收，牛、羊、豬、雞、鴨、鵝都可以吃，為什

麼一定要吃火雞呢？根據報導，美國每年大約有四千五百萬隻火雞在感恩節被吃掉，好驚人。

狗小圓：歐洲人過節原本就會吃烤鵝，他們移民到美洲後，發現當地有很多火雞，就改吃烤火雞。我想，應該是烤火雞的美妙滋味完勝烤鵝，後來才會成為過節主菜。

虎大歪：我還有個疑問，既然火雞是美洲特產，為什麼火雞的英文名字turkey，會和歐亞交界的國家土耳其一模一樣呢？

狗小圓：十五世紀時，土耳其商人把原產於非洲的「珠雞」賣到歐洲，英國人便簡稱珠雞為「turkey」。

虎大歪：因為是土耳其商人帶來，所以把珠雞稱為「turkey」，這和瓷器被稱為「china」是一樣的道理。不過珠雞和火雞又有什麼關係呢？

狗小圓：後來，西班牙人把火雞帶回歐洲大量繁殖飼養，大受歡

迎，但是歐洲人把模樣相似的珠雞和火雞搞混了，才會把火雞稱做「turkey」。

虎大歪：珠雞和火雞確實有一點兒像。我對烤火雞沒啥興趣，倒是對又油又香又好吃的嘉義火雞肉飯難以忘懷，嘉義的小吃攤將滷肉飯與火雞結合，改良做成火雞肉飯，美味無比、遠近馳名。

狗小圓：我吃烤火雞，你吃嘉義火雞肉飯，又有不少火雞要在感恩節壯烈犧牲了。

虎大歪：美國總統每年都會在感恩節這天「赦免」一到兩隻火雞，這些火雞將被飼養到老死，永不宰殺。小圓知道這個傳統的由來嗎？

狗小圓：傳說中，是因為約翰·甘迺迪總統在遇刺的幾天前，在白宮宣布「放生」一隻火雞，而流傳下來的。

虎大歪：我知道另一種說法，說赦免火雞的傳統始於亞伯拉罕·林

肯總統的兒子塔德，是他請求父親釋放一隻白宮廚師計畫宰殺的火雞。

狗小圓：還有人說是杜魯門總統曾經把客人帶來的火雞放生。不過那些都是不可靠的傳說，「赦免火雞」這個習俗在一九八九年老布希總統當政時就已經確立了。當時老布希總統收到做為感恩節賀禮的火雞，但他沒有讓廚師宰殺牠，而是公開赦免了火雞，並且把火雞送到農場，安養天年。從此之後，每一任美國總統都會維持這個傳統，在感恩節赦免火雞。

虎大歪：感恩節還有另外一個傳統——大採購。感恩節的隔天被稱做「黑色星期五」，聖誕購物季就此開始，大賣場會大降價，因為限量搶購的商品太優惠，很多人吃完感恩節大餐後，索性徹夜不睡，直接到賣場排隊。

狗小圓：沒錯，吃完大餐要動一動，久坐會長肉肉，我們也去湊熱鬧，買個超大烤箱，天天吃烤火雞大餐。

虎大歪：火雞那麼大一隻，你手無縛雞之力，怎麼捉？

狗小圓：不是我吹牛，我的力氣大如牛，一手捉一隻都沒問題。

虎大歪：小圓你看，有隻巨無霸火雞站在我們後面，

牠看起來很火。

狗小圓：媽呀，火雞來報仇啦，快逃！

唱歌表達謝意太容易，至少要寫張卡片才有意義，如果能邀請對方吃烤火雞大餐或嘉義火雞肉飯，更是有情有義，當然，南瓜派和烤玉米也不能少哦！
感恩節要感謝所有對自己好的人，唱一首〈感恩的心〉，最能表達我的心意，「感恩的心，感謝有你，伴我一生，讓我有勇氣做我自己。感恩的心，感謝命運，花開花落，我一樣會珍惜。」
圓

十四 聖誕節

聖誕好快樂，分享好開心。

國曆十二月二十五日

虎大歪：呵呵呵，在這歡樂美好的聖誕節前夕，祝福大家聖誕平安，禮物堆積如山，讓我唱首歌……

狗小圓：「雪花隨風飄，花鹿在奔跑，聖誕老公公，駕著美麗雪橇，經過了原野，渡過了小橋，跟著小圓歡喜歌聲翩然的來到。叮叮噹，叮叮噹……」

虎大歪：這首〈聖誕鈴聲〉你唱得開心，我聽卻像豬吼鴉啼。

狗小圓：你少瞧不起人，我可是學校合唱團的首席男高音，好多女生都拜倒在我的歌聲之下。今晚是平安夜，我還要上街報佳音。

虎大歪：那你肯定是烏鴉合唱團的首席男高音，失敬失敬。等會兒有沒有空當我的助手，一起去幼兒園的聖誕晚會發禮物啊？

狗小圓：報佳音之後，我還要在學校的聖誕晚會扮演雪人，忙得很。你把禮物整包送給我，既省時又省事。

虎大歪：乖寶寶如我，才有聖誕禮物；你是頑皮寶寶，得答對題目才有小禮物。你剛剛唱到「花鹿在奔跑」，幫聖誕老公公拉雪橇的是梅花鹿嗎？

狗小圓：想矇我！不是梅花鹿，是麋鹿。

虎大歪：麋鹿？不對！麋鹿原產於中國，頭上的角像鹿，臉像馬，尾巴像驢子，脖子像駱駝，又稱「四不像」。麋鹿的脾氣大，不好伺候，讓麋鹿拉雪橇，聖誕老公公肯定迷路。

狗小圓：不是麋鹿，那是什麼鹿？

虎大歪：幫聖誕老公公拉雪橇的是性情溫順的馴鹿。馴鹿的嗅覺棒、視力好，是聖誕老公公的好幫手。你知道馴鹿界有兩大巨星嗎？

狗小圓：馴鹿界有兩大巨星？這個題目太難，身為猜燈謎打虎將的我，完全沒有頭緒。

虎大歪：第一個巨星是幫聖誕老公公拉雪橇的紅鼻子馴鹿，叫做「魯道夫」……

狗小圓：另一位巨星想必是漫畫《海賊王》裡的藍鼻子馴鹿「喬巴」吧！不管是麋鹿還是馴鹿，只要能幫聖誕老公公把禮物送到我家，就是好鹿，如果可以看見喬巴和魯道夫同框，一起幫聖誕老公公拉雪橇，就更讚了。

虎大歪：再考考你，聖誕老公公住在哪？

狗小圓：當然是芬蘭，那裡有聖誕老人村啊。

虎大歪：不對，聖誕老公公住在丹麥。第四十屆「世界聖誕老人大會」議定聖誕老人居住在丹麥的屬地格陵蘭島，因為那裡有很多馴鹿。

狗小圓：聖誕老人大會？難道聖誕老公公不只一個？

虎大歪：一九五七年丹麥演員特里比尼發起這個活動後，每年七月世界各地的聖誕老人都會到丹麥哥本哈根度假，順便開會。聖誕老公公要送那麼多禮物，有分身也不奇怪。

狗小圓：那聖誕老公公的本尊到底是誰呀？

虎大歪：第一個聖誕老公公尼古拉斯，出生於西元三世紀時土耳其一個富有的天主教家庭。他經

常幫助窮人，當時鎮上有戶人家的女兒要出嫁，但是籌不出嫁妝，低調的尼古拉斯想幫助他們，又不想張揚，只好偷偷爬上那戶人家屋頂，把金幣從煙囪丟進去，沒想到金幣剛好掉進掛在火爐旁烤乾的襪子裡。

狗小圓：嘿！這就是掛聖誕襪的由來吧。不過，這位低調的土耳其大善人，和聖誕老公公有什麼關係呢？

虎大歪：後來，尼古拉斯成為米拉城的主教，幫助更多窮困人家。他在西元三四三年十二月六日過世，人們把這一天定為「聖尼古拉斯日」。他的善行變成傳說，先傳播到歐洲，再傳到美洲，融入各地的風俗後，就變成現在的聖誕老公公。

狗小圓：我懂了，聖誕老公公的傳說源自土耳其，在世界各地流傳後，故事版本愈來愈多，聖誕

老公的身材也愈來愈胖，唯一不變的是「助人」與「分享」的精神。

虎大歪：答對了。聖誕節原本是慶祝耶穌誕生的節日，慢慢衍生出和家人團聚、吃聖誕大餐、送聖誕禮物、吃聖誕柴、舉行聖誕樹點燈儀式等習俗，就算不是基督徒，也都可以熱鬧過聖誕節。

狗小圓：聖誕柴是什麼怪東西？口感會不會很柴？我可是美食達人，竟然沒聽說過，今年聖誕節一定要試吃看看。

虎大歪：貪吃鬼竟然沒聽說過聖誕柴，真是太陽打西邊出來，有沒有感覺天快要塌下來？

狗小圓：別吊我胃口，快說。

虎大歪：古歐洲人會從聖誕夜開始在火爐中燃燒木柴，晚上全家團聚在火爐前，吃吃喝喝、聽故事、祈禱……

狗小圓：難不成聖誕柴是聖誕夜燃燒的木柴？你還是留著自個兒慢

慢享用，別算我的份了。

虎大歪：到了現代，人們不再燃燒聖誕柴了。

狗小圓：是呀，如果在家裡燒木柴，煙霧偵測器保證鬼吼鬼叫，嚇壞一堆人！

虎大歪：雖然不再燃燒聖誕柴，但是傳統習俗還是要維持。現代人改用木柴造型的蠟燭來代替聖誕柴，有創意的美食家則把好吃的蛋糕做得像木柴，蛋糕的名稱就叫做「聖誕柴」。

狗小圓：你說的聖誕柴蛋糕，是木柴造型的圓筒蛋糕，上面裝飾著聖誕老公公、馴鹿和小精靈的那種蛋糕嗎？

虎大歪：原來你吃過聖誕柴蛋糕，只是不知道蛋糕的名稱和由來？

狗小圓：是啊！媽媽剛才又買了個色香味俱全的聖誕柴蛋糕。平安夜時，我決定徹夜不睡，等待聖誕老公公，招待他吃美味蛋糕、喝香濃巧克力，希望他能同意我當他的助手，幫忙送禮物，這麼一來我就可以攔截你的禮物啦，哈哈哈！

虎大歪：聖誕老公公只送禮物給乖寶寶，你滿肚子歪主意，居然想攔截我的禮物，是個超級壞寶寶，聖誕老公公發送禮物時，肯定跳過你家，直接送禮到我家，你還是別等了。

狗小圓：聖誕老公公才不會跳過我家，我要把你的禮物拿來「分享」給需要的人，是最可愛的乖寶寶，我的禮物一定很大包！

聖誕節我要做薑餅人、烤葡萄乾布丁、吃聖誕柴蛋糕，還要參加聖誕晚會，看見堆積如山的聖誕禮物就開心。等我收到大歪寄來的卡片，一定要把卡片貼在冰箱上，嘴饞想吃東西的時候看看虎大歪，冰箱門就不敢開啦，哈哈哈。
聖誕節的精神就是分享與祝福，我要自製卡片，貼上我最滿意的照片，寄送給親朋好友，表達歲末年終的祝福。

十五 灶王節

農曆十二月二十四日

臘月吃粥慶尾牙，祭祖送神迎新年。

虎大歪：光陰似火箭，歲月如太空梭，又到了我最期待也最害怕的歲末年終，除舊布新大掃除，腰痠背痛好艱苦。

狗小圓：你平時經常打掃，年底就能輕鬆掃。我最期待農曆十二月，「小孩小孩你別饞，過了臘八就是年」，說的就是我，臘八一過就盼過年。

虎大歪：這首〈忙年歌〉你也會念呀？「臘八粥，過幾天，哩哩啦啦二十三。二十三，糖瓜粘，二十四，掃房子，二十五，做豆腐，二十六，燉猪肉，二十七，宰年雞，二十八，把麵發，二十九，蒸饅頭，三十晚上熬一宿(ㄒㄧㄡˇ)，大年初一扭一扭，除夕的餃子年年有。」很多地方都有〈忙年歌〉，內容大同小異。

狗小圓：臘月很熱鬧，我愛死了。不過，吃過臘八粥，絕對不能「哩哩啦啦」就到二十三，臘月十六是尾牙，好吃又好玩，千萬不能漏掉。

虎大歪：你貪吃又愛玩，應該最愛農曆元月才對，春節拜年拿紅包，好料從早吃到晚，十五元宵夜，提花燈吃元宵，有得吃又有得玩，不是嗎？

狗小圓：農曆十二月被稱做「臘月」不是沒有原因的，臘梅開、臘肉香，還有臘八粥吃，光聽就覺得香。

虎大歪：你倒果為因啦！古人用天干地支紀日，將冬至後第三個戌

日定為「臘日」，在這一天用獵物拜神祭祖，稱做「臘祭」。南北朝時期才將「臘日」固定在農曆十二月初八，簡稱「臘八」。雖然臘是肉部，但是「臘月」和打獵祭祀有關，和臘肉沒關係。

狗小圓：怎麼會沒關係？把打獵的肉做成臘肉祭祀，好吃又耐放。臘月除了臘肉香，初八吃臘八粥暖胃，十六歡慶尾牙、抽獎聚餐吃刈包，二十四祭灶送神，少不了糖果和甜糕，最棒的是放寒假、辦年貨、買新衣……天天笑哈哈。

虎大歪：原來你喜歡臘月，是因為喜歡「準備」過年？

狗小圓：是啊！你不知道「過程比結果重要」嗎？買辦年貨的過程可以試吃琳瑯滿目的零嘴，試穿最新潮流的新衣，提著大包小包戰利品回家，好過癮。

虎大歪：大人最怕過年，送神祭祖蒸年糕，忙到昏頭還得發紅包，荷包大失血。小孩盼過年，買完新衣買新鞋，說句好話就有紅包拿。

狗小圓：我也想幫忙蒸年糕，可是爺爺奶奶都趁我上學的時候蒸，偷偷摸摸耍神祕，還說我在旁邊會壞事！

虎大歪：蒸年糕有很多禁忌，不能問好了沒、不能說難聽的話，否則年糕會蒸不熟。你調皮又貪吃，常常亂講話，蒸年糕當然得防著你。

狗小圓：哼！我才不信，聽說灶神比我還貪吃，特愛甜食，所

以祭灶神要準備糖果和甜糕。

虎大歪：你別瞎說！用甜點祭拜灶神是有原因的。玉皇大帝派遣灶神常駐於民間，在廚房裡考察每戶人家的所作所為，祭灶是恭送灶神返回天上的儀式。用甜點祭拜灶神，主要是希望灶神看見玉帝後，能多說些自家的好話，正所謂「上天言好事，下界保平安」。

狗小圓：我知道了，灶神是玉帝派駐在人間的間諜，人們用甜點祭灶是為了收買灶神，希望灶神「口」下留情，報喜不報憂，說好不說壞。

虎大歪：說間諜太難聽，灶神的工作性質其實和聖誕老人有點像，不過聖誕老人的工作範圍比較小，只管小孩乖不乖；灶神的監管範圍比較大，大人小孩都在觀察名單裡。

狗小圓：和你們狡猾世故的大人比起來，我們小孩天真、可愛又善良多了，我們準備糖果牛奶是為了招待辛苦的聖誕老公

公，大人準備糖果年糕卻是為了賄賂灶神。

虎大歪：講賄賂太嚴重了，應該是酬謝與款待。傳說灶神本名叫張單，他是個喜新厭舊的人。張單娶了丁香當太太，丁香非常孝順公婆。後來張單外出買賣做生意，發了財，移情別戀妓女海棠，回家以後就跟丁香離婚。

狗小圓：喜新厭舊、移情別戀，真是錯誤的示範。

虎大歪：沒想到海棠好吃懶做又粗心大意，一個不小心引發火災，燒光所有家產，最後丟下張單一個人，嫁給別人了。

狗小圓：喜新厭舊的人被新歡敗光家產，真是咎由自取！這好像八點檔的劇情，聽了好痛快。不過，這樣的人後來怎麼會變成灶神呢？真是奇怪。

虎大歪：張單破產之後變成乞丐，有一天，張單要飯的時候，巧遇被迫改嫁的丁香，丁香沒有認出落魄的張單，請他到自家廚房，還給他豐盛的食物吃。張單認出丁香，非常羞愧，一頭鑽進灶門自盡了。

狗小圓：別以為我沒看過灶，就想矇我，灶門小小一個，張單是大人，哪裡鑽得進灶門？

虎大歪：小圓有所不知，要成為傳說，一定要夠神奇呀！玉皇大帝看張單知羞恥、肯認錯，就封他為灶神，在人間廚房監看善惡。畢竟人非聖賢，孰能無過；知錯能改，善莫大焉。

狗小圓：說得好！那你準備了什麼好吃的甜點祭拜灶神？

虎大歪：麥芽糖、冬瓜糖、牛軋糖、花生糖……

狗小圓：準備這麼多！該不會是這一年壞事做太多？我勸你趕緊把廚房清乾淨，免得灶神說你好吃懶做，沒事就欺負我。

虎大歪：哼！明明就是你欺負我，老在背後說我壞話，看在灶神的面子上，今天先放過你，改天再找你算帳。

今天要蒸年糕，爺爺奶奶給我零用錢，要我去買年糖，還說晚點回家沒關係。爸爸上網查了老宅和古蹟，帶我去看灶，拍照做紀錄，回程經過年貨大街，糖果買個夠。
臘八要吃粥，尾牙要吃刈包，祭灶少不了年糕。臘月美食多，要做的事也很多，如果小朋友可以幫忙大掃除，大人一定很開心，過年紅包一定多。蒸年糕時要說好話，不要像狗小圓一樣，狗嘴吐不出象牙哦！
圓

十六 除夕

農曆十二月的最後一天

除夕貼春聯，圍爐迎新年。

虎大歪：白駒過隙、兔走烏飛，彈指之間，時間走到農曆十二月的最後一天，舊的一年到這個夜晚為止，人們稱這一天為「除夕」或是「大年夜」。

狗小圓：聽說除夕的早上是貼春聯的最佳時間，今天早上我才和爸爸一起換春聯，「爆竹一聲除舊歲，桃符萬戶更新春」是我最喜歡的對聯。

虎大歪：我最喜歡王安石寫的〈元日〉，「爆竹聲中一歲除，春風送暖入屠蘇。千門萬戶曈（ㄊㄨㄥˊ）曈日，總把新桃換舊符。」

狗小圓：咱倆真有默契，都喜歡爆竹，過年放鞭炮最過癮了。

虎大歪：不不不，我和你層次不同，我喜歡的是後面兩句：「初升的太陽照耀著千門萬戶，家家都換上了新春聯」，短短幾個字就可以感受到新年新氣象。

狗小圓：沒錯，我們層次不同，不能相提並論。我一看見「天增歲月人增壽，春滿乾坤福滿門」這幅對聯時，覺得文字優美意境好，祝福意味濃，靈感大發，提筆改寫了一副對聯要送給你。

虎大歪：哇！才幾日不見，你就會寫對聯，我睜大眼瞧瞧。「天增歲月虎增肉，春滿乾坤油滿身」，好你個狗小圓，大過年的寫字消遣我，不過，我是未卜先知，早知道你會趁機搗蛋，我也寫了一副春聯要送給你，禮尚往來。

狗小圓：快拿來我看看，「六畜興旺小圓旺，五穀豐登大歪吃」。大歪你真是小氣鬼，竟然要獨享通吃？來，我改改，改成「六畜興旺大歪旺，五穀豐登小圓吃」會更好。說到這，你知道為什麼春聯又叫做「桃符」嗎？還有，過年為什麼要貼春聯呢？

虎大歪：很久很久以前，相傳東海山上有棵神奇的大桃樹，樹的叉枝恰好伸向鬼門，各方鬼怪都從這個鬼門進出。神荼(ㄕㄨ)和鬱壘(ㄌㄩ)兩位神將在樹下看守，一發現會害人的惡鬼，就把鬼捆住，丟去餵老虎。

狗小圓：哎喲，把鬼丟去餵老虎！看來老虎比鬼還可怕。大歪大人，過去如果有得罪的地方，請多多包涵，我的肉又柴又硬，不好吃，小的再也不敢放肆了。

虎大歪：小圓，你別擔心，我吃東西很挑，沒層次的東西無法入口，我可以大人不計小人過，只要你別再犯錯，知道嗎？

狗小圓：我給你三分顏色，你就開起染房啦！還是回到正題，神將把惡鬼丟去餵老虎，然後咧？

虎大歪：就因為這個大桃樹的傳說，古人深信桃木可以避邪，每逢年節，便將這兩位神將刻畫在桃木板上，懸掛在大門兩側，鎮邪驅鬼，稱做「桃符」。

狗小圓：原來如此。那麼桃木板做的「桃符」，又是怎麼變成現在的春聯呢？

虎大歪：有人覺得「桃符」太單調，便發揮創意，在上面寫吉祥話；又有人覺得刻木板太耗時費工，就改用毛筆寫在紙上，最後慢慢演變成現在的春聯。

狗小圓：春聯有這麼精

采的門神傳說。除夕還有什麼好聽的故事呢？

虎大歪：傳說有隻可怕的年獸，一整年都在深山裡睡覺，除夕那天才會醒過來。他因為肚子餓到受不了，只好下山覓食，見人就吃，看見一個吃一個，看見兩個就吃一雙。

狗小圓：希望年獸不喜歡吃小孩。如果在除夕當天被年獸吃掉，不但吃不到年夜飯，還會變成年獸的年夜飯，實在太可憐啦！

虎大歪：後來人們發現年獸害怕紅色、火光和響聲，就在門上貼紅紙，在門口燒火堆、燃放鞭炮。年獸一闖進村莊，看見家家戶戶都貼上了恐怖的紅紙，觸目所及都有刺眼的火

光，魂魄先去了一半，再聽到震天的鞭炮聲，嚇得趕緊跑回深山。

狗小圓：原來「過年」的意思是——平安度過「年」獸這一關，真有意思。

虎大歪：也有人稱這隻在除夕晚上出來作怪的野獸為「夕」。人們害怕在睡夢中被妖怪吃掉，除夕夜整晚不睡覺，就是為了提防「夕」來吃人；新年見面的時候互道恭喜，慶幸彼此還活著，沒有被妖怪吃掉。

狗小圓：在農曆十二月的最後一天，「除」掉「夕」這隻怪獸，所以古人把這一天稱做「除夕」，太有道理了。

虎大歪：平安度過「年」獸這一關，叫做「過年」；「除」掉叫做「夕」的怪獸，稱做「除夕」。其實，就算沒有真的打敗吃人的怪獸，只要能平安健康度過一整年，就是值得恭喜的事。

狗小圓：二〇一九年的除夕適逢立春，在古代，春節的全名為「立春節」，立春是一年的開始，直到近代才把春節改到農曆正月初一。

虎大歪：沒錯，二〇一九年的立春和春節只差一天，非常難得，而在二〇三八年，春節和立春將會是同一天，叫做「初一春」，更是難能可貴。

狗小圓：除夕夜全家團聚圍爐，盡情享用平日限量供應的零食和汽水，而且因為要熬夜守歲，可以很晚才上床睡覺，真希望天天都是除夕。大歪家圍爐都吃些什麼呢？

虎大歪：我們家圍爐一定有火鍋、長得像金元寶的水餃，還有一條大魚，魚不可以吃光，才會年年有「餘」；長年菜也不可少，祝大家長壽身體好；加上年糕象徵「年年高陞」，蘿蔔糕是好「彩頭」，其他還有佛跳牆、香腸和白斬雞。

狗小圓：本來想去跟你拜年，嘗嘗不同口味的年菜，沒想到菜色差不多。

虎大歪：「同款但是不同師傅」，菜色一樣，味道卻不同，還是歡迎你來走春。祝福你，嘗遍美食不會變胖，紅包豐收不會被充公。

狗小圓：難得你說我好話。我也祝福大家除夕心情好，新春諸事圓！

福

除夕看大歪打掃環境、寫春聯、貼春聯，忙得焦頭爛額，真是享受。我要彩繪幾個紅包袋送給爺爺、奶奶、爸爸、媽媽，幫忙試吃圍爐的菜色有沒有熟，還要時時確保糖果盒裝好裝滿。

除夕當然要自己寫春聯，「天增歲月人增壽，春滿乾坤福滿門」，這幅貼在我家大門，「六畜興旺小圓旺，五穀豐登大歪吃」，這幅送給小圓，當做他幫我大掃除和貼春聯的謝禮。

文化小補充

跨領域節日活動祕笈

品讀節日詩詞

日日好日　天天過節

跨領域節日活動祕笈

收禮物、切蛋糕、許願吹蠟燭、吃豬腳麵線……都是我們熟悉的慶生方式，親朋好友齊聚一堂，透過慶祝活動與美食佳餚為壽星慶生，一起編織美麗回憶。

慶生與過節的相似度很高：儀式與美食缺一不可，親朋好友更是一個都不能少。你都如何過節呢？是不是依循著傳統的習俗與規矩，依樣畫葫蘆、「拿香跟著大人拜」？

每個節日都有故事，每種慶典都有典故，如果你願意深入了解，並且在每一個特殊的節日，用廚藝、美勞創意、音樂素養、古典詩詞、傳統技藝，甚至是古蹟踏查，為自己或親友打造過節氣氛，創造專屬於彼此的獨特回憶，過節也會變得更有意思喔！

春節

農曆正月初一

我是**小食神**，我可以**炸年糕**、**包水餃**。

我是**DIY小達人**，我可以**畫紅包**、**彩繪年柑**，**創造獨一無二的祝福**。

我是**小文青**，我可以**唱〈正月調〉**、**背一首應景的春節詩詞**。

想知道更多，你也可以上網搜尋**正月調歌詞**、**春節詩詞**。

現在換你們來說說，你們的節日活動祕笈有哪些呢？

元宵

農曆正月十五日

我是**小食神**，我可以**滾元宵、搓湯圓**。

我是**DIY小達人**，我可以利用現有的道具（鐵罐、鋁罐……）**做成燈籠，提自製的燈籠去看燈會**。

我是**小文青**，我可以**想一個難度超高的燈謎來考倒大家**。

想知道更多，你也可以上網搜尋**湯圓做法、元宵燈謎、元宵節詩詞**。

現在換你們來說說，你們的節日活動祕笈有哪些呢？

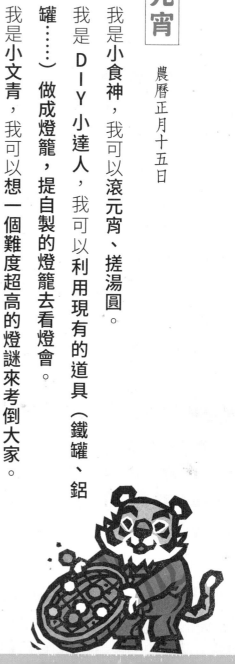

二月二

農曆二月初二

我是**小食神**，我可以**做麻糬、吃水煮花生**。

我是**DIY小達人**，我可以**摺把紙傘、畫隻飛天巨龍**。

我是**小文青**，我可以到住家附近的土地公廟畫圖寫生，**「田頭田尾土地公」，不論是熱鬧的市區或是偏遠的鄉下，都有土地公廟。仔細觀察廟宇的建築特色、土地公爺爺手上拿什麼？這些都會因地而異哦**。

想知道更多，你也可以上網搜尋**麻糬做法、二月二詩詞**。

現在換你們來說說，你們的節日活動祕笈有哪些呢？

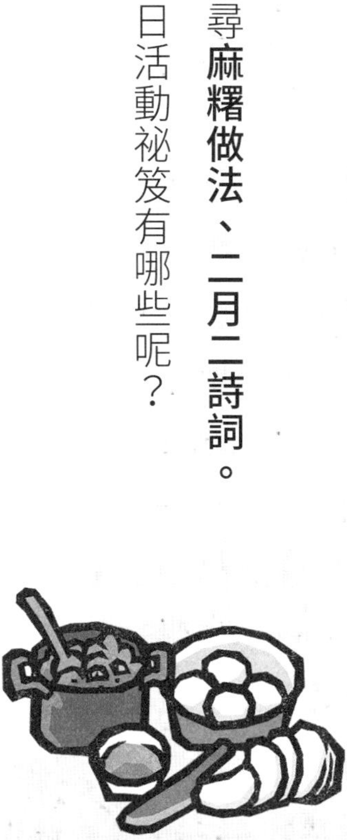

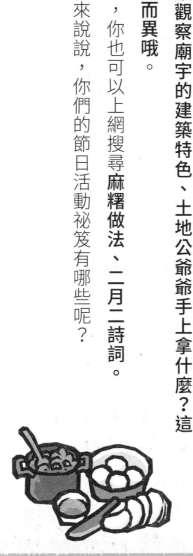

兒童節

國曆四月四日

我是小食神，我可以烤餅乾與大家分享。

我是DIY小達人，我可以用手邊現有的東西製作一個玩具，如果沒有頭緒可以請教爸媽，他們都是高手。

我是小文青，我可以寫一封信給十年後的自己，藏在時光膠囊裡，並畫出最希望收到的兒童節禮物，做為時光膠囊的外包裝。

想知道更多，你也可以上網搜尋兒童節玩具DIY、兒童節詩歌。

現在換你們來說說，你們的節日活動祕笈有哪些呢？

清明節

國曆四月四日至六日、冬至後第一百零五天

我是**小食神**，我可以**幫忙做草仔粿、包潤餅**。

我是**DIY小達人**，我可以**做個在天空飛翔的風箏**。

我是**小文青**，我可以**到郊外踏青、效法古人「曲水流觴」，策畫一個吟詩作對的春日野餐會、到故宮欣賞清明上河圖**。

想知道更多，你也可以上網搜尋**草仔粿做法、臺灣介之推廟、開山大帝**。

現在換你們來說說，你們的節日活動祕笈有哪些呢？

母親節

國曆五月的第二個星期日

我是**小食神**，我可以**為媽媽做早餐，泡杯茶或咖啡，如果還能烤個母親節蛋糕就更加完美**。

我是**DIY小達人**，我可以**自製母親節賀卡**，寫上滿滿的祝福。

我是**小文青**，我可以**當小記者採訪媽媽**，編寫媽媽的祕密檔案。**（媽媽的母親節願望？媽媽小時候如何準備母親節禮物？）**。

想知道更多，你也可以上網搜尋**康乃馨摺紙、母親節詩詞**。

現在換你們來說說，你們的節日活動祕笈有哪些呢？

端午節

農曆五月初五

我是**小食神**，我可以**幫忙包粽子**，**比較南部粽和北部粽的不同**。

我是**DIY小達人**，我可以**自製端午香包**（**中藥行會販售中藥粉香料**）、**用色紙摺一串紙粽子**。

我是**小文青**，我可以**彩繪立蛋**、**認識屈原的生平**。

想知道更多，你也可以上網搜尋**香包DIY**、**紙粽子**、**吸管粽子**。

現在換你們來說說，你們的節日活動祕笈有哪些呢？

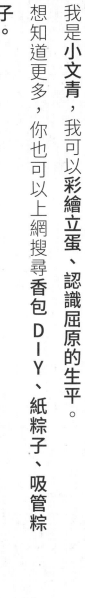

父親節

國曆八月八日

我是**小食神**，我可以**為爸爸做早餐**，泡一杯茶或咖啡。

我是**DIY小達人**，我可以**自製父親節賀卡**，寫上滿滿的祝福。

我是**小文青**，我可以**當小記者採訪爸爸**，編寫爸爸的祕密檔案。

（爸爸的父親節願望？爸爸小時候如何準備父親節禮物？）。

想知道更多，你也可以上網搜尋**父親節賀卡做法、父親節詩詞**。

現在換你們來說說，你們的節日活動祕笈有哪些呢？

中元節

農曆七月十五日

我是**小食神**，我可以**吃烤鴨**（都說「七月半鴨仔，毋知死活」，**中元節當然要吃烤鴨**）。

我是DIY小達人，我可以挑戰用紙黏土捏「三牲」（雞、**豬、魚**）、**用色紙摺幾隻妖怪或小鬼應景**。

我是**小文青**，我可以**參觀基隆**「中元祭祀文物館」。

想知道更多，你也可以上網搜尋**三牲摺紙、七月半鴨仔、中元節詩詞**。

現在換你們來說說，你們的節日活動祕笈有哪些呢？

中秋節

農曆八月十五日

我是**小食神**，我可以**幫忙做月餅、鳳梨酥**。

我是**DIY小達人**，我可以**做月兔摺紙、彩繪柚子**。

我是**小文青**，我可以**讀中秋詩詞，學幾個和月亮有關的成語**。

想知道更多，你也可以上網搜尋**畫柚子、月兔摺紙、中秋節詩詞**。

現在換你們來說說，你們的節日活動祕笈有哪些呢？

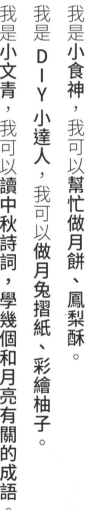

重陽節

農曆九月九日

我是**小食神**，我可以考察市場裡的重陽糕點和美食、泡壺菊花茶孝敬家中長輩。

我是**DIY小達人**，我可以畫卡片、做風箏（「九月九，風吹滿天嘯」，秋高氣爽，正是放風箏的好時節）。

我是**小文青**，我可以寫封文情並茂的賀卡問候長輩。

想知道更多，你也可以上網搜尋**茱萸、重陽糕做法、重陽節詩詞**。

現在換你們來說說，你們的節日活動祕笈有哪些呢？

萬聖節

國曆十月三十一日

我是**小食神**，我可以**烤妖怪造型的餅乾和蛋糕**。

我是**DIY小達人**，我可以**自製萬聖節裝扮、裝糖果的提籃和燈籠、做南瓜或蝙蝠摺紙**。

我是**小文青**，我可以**把想像世界裡的妖怪畫出來，剪下來當萬聖節裝飾（可以貼在裝糖果的提籃上，或是做成面具）**。

想知道更多，你也可以上網搜尋**萬聖節摺紙、不給糖就搗蛋的由來**。

現在換你們來說說，你們的節日活動祕笈有哪些呢？

感恩節

國曆十一月的第四個星期四

我是**小食神**，我可以幫忙烤火雞、烤玉米、做南瓜派。

我是**DIY小達人**，我可以捏幾隻可愛的紙黏土火雞或南瓜**妖怪，當做感恩節禮物**。

我是**小文青**，我可以**唱〈感恩的心〉**、寫感謝卡表達謝意。

想知道更多，你也可以上網搜尋**南瓜派做法、火雞卡片、感恩節詩詞**。

現在換你們來說說，你們的節日活動祕笈有哪些呢？

聖誕節

國曆十二月二十五日

我是**小食神**，我可以**做薑餅人**（**屋**）、**烤葡萄乾布丁與聖誕柴蛋糕**。

我是**DIY小達人**，我可以幫忙組裝聖誕樹、**用色紙摺聖誕老公公和雪人，既可以當做聖誕樹裝飾，也可以做成聖誕卡**。

我是**小文青**，我可以**寫卡片給三個朋友**，表達歲末年終的祝福。

想知道更多，你也可以上網搜尋**薑餅人做法**、**聖誕柴做法**、**聖誕摺紙**。

現在換你們來說說，你們的節日活動祕笈有哪些呢？

灶王節

農曆十二月二十四日

我是**小食神**，我可以查查看臘八粥的材料，煮一鍋香甜好吃的**粥暖胃、在尾牙那天吃刈包**。

我是**DIY小達人**，我可以剪窗花、畫年畫。

我是**小文青**，我可以**探訪古宅，展開尋灶任務大挑戰**。

想知道更多，你也可以上網搜尋**古宅大灶、臘月詩詞**。

現在換你們來說說，你們的節日活動祕笈有哪些呢？

除夕

農曆十二月的最後一天

我是**小食神**，我可以**幫忙蒸年糕**、**辦年貨**、**規畫年菜**。

我是**DIY小達人**，我可以**大掃除**，**收納歸類不含糊**。

我是**小文青**，我可以**寫春聯**、**幫忙貼春聯**，**學會辨別上**、**下聯**。**上聯最後一個字的注音是第三聲和第四聲**；**下聯最後一個字的注音是第一聲和第二聲**。

想知道更多，你也可以上網搜尋**年糕做法**、**除夕詩詞**。

現在換你們來說說，你們的節日活動祕笈有哪些呢？

品讀節日詩詞

【春節】

〈元日〉詩 〔宋〕王安石

爆竹聲中一歲除，春風送暖入屠蘇。
千門萬戶曈（ㄊㄨㄥˊ）曈日，總把新桃換舊符。

〈新年作〉詩 〔唐〕劉長卿

鄉心新歲切，天畔獨潸（ㄕㄢ）然。
老至居人下，春歸在客先。
嶺猿同旦暮，江柳共風煙。
已似長沙傅，從今又幾年。

語譯

〈元日〉

爆竹聲中，舊的一年過去了，和暖春風中，家人共飲新釀的屠蘇酒。初升的太陽照耀千家萬戶，人們把舊的桃符取下，換上新的。

〈新年作〉

思鄉的心情在新年更加迫切，人在天邊獨自熱淚橫流。年老了還在人家底下做事，在我回家之前，春天匆匆歸來。和嶺上猿猴共度晨昏，與江邊楊柳共分憂愁。我和長沙太傅一樣的遭遇，從今天開始還要多久才可以回家呢？

〈甲午元旦〉詩 〔清〕孔尚任

蕭疏白髮不盈顛，守歲圍爐竟廢眠。
剪燭催乾消夜酒，傾囊分遍買春錢。
聽燒爆竹童心在，看換桃符老興（ㄒㄧㄥˋ）偏。
鼓角梅花添一部，五更歡笑拜新年。

〈元旦試筆（其二）〉詩 〔明〕陳獻章

天上風雲慶會時，廟謨（ㄇㄛˊ）爭遺草茅知。
鄰牆旋打娛賓酒，稚子齊歌樂歲詩。
老去又逢新歲月，春來更有好花枝。
晚風何處江樓笛，吹到東溟（ㄇㄧㄥˊ）月上時。

〈甲午元旦〉

稀疏白髮早就蓋不滿頭頂，除夕守歲圍爐，整夜不睡。跟家人剪燭夜談、飲酒，錢囊裡的錢都掏出來做壓歲錢。初一凌晨，滿懷童心聽著爆竹聲響，即使年紀老大，還是興致盎然看人更換春聯。鼓聲角聲和梅花樂曲又添新樂章，五更一到，大家歡笑慶賀新年來臨。

〈元旦試筆（其二）〉

天上的風雲湧動，歡慶著新春佳節，朝廷的謀算，不必讓平民百姓知道。鄰居把買來招待客人的酒放在牆頭，小孩子唱著賀歲歌曲。年華老去的我歡度新年，枝頭開滿美麗花朵。不知哪一座江畔樓臺傳出美妙笛聲，隨著晚風傳來，直到明月從東方海面升起。

【元宵】

〈生查子・元夕〉詩〔宋〕歐陽修

去年元夜時，花市燈如晝。
月上柳梢頭，人約黃昏後。
今年元夜時，月與燈依舊。
不見去年人，淚溼春衫袖。

〈青玉案・元夕〉詞〔宋〕辛棄疾

東風夜放花千樹，更吹落、星如雨。
寶馬雕車香滿路，鳳簫聲動，
玉壺光轉，一夜魚龍舞。
蛾兒雪柳黃金縷，笑語盈盈暗香去。
眾裡尋他千百度，驀然回首，
那人卻在，燈火闌珊處。

〈生查子・元夕〉

去年元宵夜，街市上燈光明亮的如同白晝。當月亮升上柳樹梢頭，與佳人相約在黃昏時後。今年元宵夜，月光與燈光明亮依舊。卻沒見到去年那位佳人，相思的淚水沾溼了衣袖。

〈青玉案・元夕〉

滿城花燈，就像春風吹開花兒，掛滿千枝萬樹，煙火像雨般落下。華麗馬車載著香氣盈然的人們，風中傳來鳳簫吹奏的樂曲，和流轉的月光互相交錯，魚龍花燈此起彼落。美人的頭上有的插滿蛾兒，有的戴著雪柳，有的飄著金黃絲縷，面帶微笑，帶著淡淡的香氣從人面前經過。我找了千百次，可都沒找著我心儀的對象，突然一回首，那個人卻正站在燈火稀稀落落的地方。

【二月二】

〈二月二日〉詩（唐）白居易

二月二日新雨晴，草芽菜甲一時生。
輕衫細馬春年少，十字津頭一字行。

〈二月二日〉詩（唐）李商隱

二月二日江上行，東風日暖聞吹笙。
花須柳眼各無賴，紫蝶黃蜂俱有情。
萬里憶歸元亮井，三年從事亞夫營。
新灘莫悟游人意，更作風檐夜雨聲。

〈二月二日〉

二月二日新春以來的小雨剛剛停歇，小草和田畦裡的青菜都長出嫩芽。在十字形的渡船口，一群穿著輕便衣衫、騎著駿馬的少年正慢慢徐行。

〈二月二日〉

二月二日到江上春遊，春風徐徐、陽光和暖，笙歌悠揚動聽。花蕊如鬚、柳芽如眼，無心在意人間的悲歡離合；紫蝶黃蜂盤旋飛舞著，滿懷欣喜迎接新春到來。客居萬里之外，常想著回歸故鄉，我在柳仲郢的軍營供職已有三年時光。江上的新灘不理解我的心意，唱著歡暢悅耳的春之歌，在我聽來，卻像屋簷上的風吹雨打，嘩嘩作響。

【兒童節】

〈池上〉詩〔唐〕白居易

小娃撐小艇，偷採白蓮回。
不解藏蹤跡，浮萍一道開。

〈牧童詩〉詩〔宋〕黃庭堅

騎牛遠遠過前村，短笛橫吹隔隴(ㄌㄨㄥˇ)聞。
多少長安名利客，機關用盡不如君。

〈村居〉詩〔清〕高鼎

草長鶯飛二月天，拂堤楊柳醉春煙。
兒童散學歸來早，忙趁東風放紙鳶。

〈池上〉
有一個小孩撐著小船，偷偷摸摸的採了白蓮回來。他不知道如何藏匿蹤跡，在小船划過的水面上，留下一道翠綠浮萍被劃開的痕跡。

〈牧童詩〉
牧童騎著牛遠遠經過山村，隔著田隴就能聽到他吹著短笛的聲音。多少到長安追逐名利的人，機關算盡了都不如牧童你自在呀。

〈村居〉
農曆二月天氣正好，黃鶯穿梭在高大茂密的青草間，楊柳樹的枝條隨風擺動，像在撫摸著堤岸，水氣氤氳也好似煙霧。孩子們放學了，急急忙忙跑回家，趁著和暖東風，把風箏放上藍天。

【清明節】

〈清明〉詩 （唐）杜牧

清明時節雨紛紛，路上行人欲斷魂。
借問酒家何處有，牧童遙指杏花村。

〈寒食〉詩 （唐）韓翃（ㄏㄨㄥˊ）

春城無處不飛花，寒食東風御柳斜。
日暮漢宮傳蠟燭，輕煙散入五侯家。

〈清明〉

清明時節的江南地區紛紛下著細雨，路上行人看上去個個都失魂落魄。借問當地的人，哪裡可以買酒澆愁？只見牧童遙指杏花深處的村莊。

〈寒食〉

暮春的長安城，楊花漫天飛舞，寒食節的東風斜斜吹拂著宮中的柳樹。黃昏時分，宮廷中鑽新火，點燃蠟燭，裊裊炊煙飄進了王侯貴戚家中。

【母親節】

〈遊子吟〉詩 〔唐〕孟郊

慈母手中線，遊子身上衣。
臨行密密縫，意恐遲遲歸。
誰言寸草心，報得三春暉。

〈慈烏夜啼〉詩 〔唐〕白居易

慈烏失其母，啞啞吐哀音。
晝夜不飛去，經年守故林。
夜夜夜半啼，聞者為沾襟。
聲中如告訴，未盡反哺心。（節錄）

〈遊子吟〉

慈祥的母親用手中的針線，為兒子趕製身上的衣衫。臨行前一針一線密密縫綴，就是怕我久久不歸呀！誰能說子女像小草那樣微小的孝心，能夠報答得了慈母像春暉普澤大地的恩情呢？

〈慈烏夜啼〉

慈烏失去了母親，哀傷的不停啞啞啼哭。從早到晚守著原本棲息的樹林，整年都不願飛離。每天半夜傳出牠哀哀啼哭的聲音，人們聽到也不禁淚溼衣襟。牠的哭聲彷彿像在哀訴，自己未能及時盡到反哺的孝心。

【端午節】

〈端午〉詩 〔唐〕文秀

節分端午自誰言，萬古傳聞爲屈原。
堪笑楚江空渺渺，不能洗得直臣冤。

〈競渡詩〉詩 〔唐〕盧肇

石溪久住思端午，館驛樓前看發機。
鼙(ㄆㄧˊ)鼓動時雷隱隱，獸頭凌處雪微微。
衝波突出人齊譀(ㄏㄢˋ)，躍浪爭先鳥退飛。
向道是龍剛不信，果然奪得錦標歸。

〈端午〉

端午節大概從什麼時候開始的？文是為什麼而設立呢？傳說是為了紀念愛國詩人屈原。汨羅江常常被人們嘲笑，因為它儘管江波浩淼，卻仍舊不能洗清屈原的冤屈。

〈競渡詩〉

在石溪住久了，常常思念端午時節的情景，這次來到江寧，在驛館樓前觀察龍舟競渡激烈的展開。鼙鼓初擊時好似雷聲，彩繪龍頭吞吐著威嚇，成千上萬的觀眾齊聲呼喊助威，龍舟破浪前進，氣勢奔騰。多條龍舟衝向終點，勝利者奪得錦標歸來。

【父親節】

〈又示宗武〉詩 〔唐〕杜甫

覓句新知律，攤書解滿床。
試吟青玉案，莫羨紫羅囊。
假日從時飲，明年共我長。
應須飽經術，已似愛文章。
十五男兒志，三千弟子行。
曾參與游夏，達者得升堂。

〈與小女〉詩 〔唐〕韋莊

見人初解語嘔啞（ㄡ　ㄧㄚ），不肯歸眠戀小車。
一夜嬌啼緣底事，爲嫌衣少縷金華。

〈又示宗武〉

你已經學會按律寫詩，也會攤開書本坐在桌前看書了，你應該吟像張衡的《四愁詩》那樣的古詩，而不是羨慕謝玄玩香囊那類的遊戲。只有休息的日子才能偶爾飲一次酒，明年你就會長得和我一樣高了，到時你應該要飽讀詩書，學會體悟出辭章的妙處。十五歲正是男兒立志向學的時候，孔子三千弟子中，只有像曾參、子夏、子游這些學得通達的人，才能登堂入室。

〈與小女〉

女兒剛能聽得懂話，咿咿呀呀的學著說話。因為愛玩玩具車而不肯睡覺。整晚為什麼哭鬧著不肯停歇呢？可能是因為她的衣服上少繡了朵金線花吧。

〈冬夜讀書示子聿〉詩 〔宋〕陸游

古人學問無遺力，少壯工夫老始成。
紙上得來終覺淺，絕知此事要躬行。

【中元節】

〈中元夜〉詩 〔唐〕李郢(ㄧㄥˇ)

江南水寺中元夜，金粟(ㄙㄨˋ)欄邊見月娥。
紅燭影回仙態近，翠鬟(ㄏㄨㄢˊ)光動看人多。
香飄彩殿凝蘭麝(ㄕㄜˋ)，露繞輕衣雜綺羅。
湘水夜空巫峽遠，不知歸路欲如何。

〈冬夜讀書示子聿〉

古人學習知識是終身不遺餘力的奮鬥，年輕時開始努力，到了老年才成功。書上讀得的知識終究是淺薄的，要真的理解其中深刻智慧，需要親身實踐才行。

〈中元夜〉

江南水鄉邊的中元節夜晚，河邊彷彿看見月亮仙子美麗的影子。河燈上燭影搖晃，彷彿是月亮仙子走了過來。月亮仙子佩戴著翠環，隨燭影晃動，眾人紛紛觀賞。月亮仙子帶著香氣飄回月宮，殿內凝聚著蘭花和麝香的氣味。秋露打溼了青衣的百姓和穿著綺羅的富人。在湘水邊遙望夜空，巫峽離我那麼遠，不知道該如何回到家鄉。

〈中元節有感〉詩 〔清〕王凱泰

道場普渡妥幽魂，原有盂蘭古意存。

卻怪紅箋貼門首，肉山酒海慶中元。

【中秋節】

〈靜夜思〉詩 〔唐〕李白

床前明月光，疑是地上霜。

舉頭望明月，低頭思故鄉。

〈望月懷遠〉詩 〔唐〕張九齡

海上生明月，天涯共此時。

情人怨遙夜，竟夕起相思。

滅燭憐光滿，披衣覺露滋。

不堪盈手贈，還寢夢佳期。

〈中元節有感〉

中元節一到，民間各處廣設普渡道場，安頓孤獨的鬼魂，這原是佛教弟子目蓮，以盂蘭盆解救母親靈魂的孝親意義。現在已成了道教儀式，門上貼著紅色箋紙，寫著「慶贊中元」，擺設豐盛的酒肉供品，祭祀陰間的遊魂。

〈靜夜思〉

明亮的月光灑在床前的窗上，好像地上泛起了一層霜。我抬起頭來，看著一輪明月，不禁低頭想念故鄉。

〈望月懷遠〉

茫茫大海上升起一輪明月，你我雖相隔千里，卻一起望著月亮。多情的人不免怨恨月夜漫長，整晚被相思困擾。今晚月色太美，我熄滅了蠟燭，披上衣服，才感覺露水寒涼。可惜我不能把美好的月色捧給你，只好回房睡下，希望能夠與你在夢鄉相見。

〈嫦娥〉詩 〔唐〕李商隱

雲母屏風燭影深，長河漸落曉星沉。
嫦娥應悔偷靈藥，碧海青天夜夜心。

【重陽節】

〈九日登高〉詩 〔唐〕王昌齡

青山遠近帶皇州，霽景重陽上北樓。
雨歇亭皋仙菊潤，霜飛天苑御梨秋。
茱萸插鬢花宜壽，翡翠橫釵舞作愁。
謾說陶潛籬下醉，何曾得見此風流。

〈嫦娥〉
夜深了，燭影投射在雲母屏風上，銀河漸漸沉落，晨星也隱沒在黎明的曙光中。嫦娥應該後悔偷了長生不老藥，每晚只有青天碧海能陪伴她孤獨的心。

〈九日登高〉
重陽時節，雨後初晴，遠望青山嫵媚，河如玉帶，圍繞著皇城。秋雨過後，水邊平地上菊花盛開，皇宮御苑紅葉繽紛，金梨綴樹，碩果纍纍。人們佩帶茱萸，飲菊花酒，祝福健康長壽，婦女雲鬢插著翡翠鳳釵，美麗動人。大家都說陶淵明歸隱田園，賞菊飲酒，怡然自樂，可是他應該沒有像我們這樣的瀟灑風流。

〈飲酒詩（其五）**〉詩**〔晉〕陶淵明

結廬在人境，而無車馬喧。
問君何能爾？心遠地自偏。
採菊東籬下，悠然見南山。
山氣日夕佳，飛鳥相與還。
此中有真意，欲辨已忘言。

〈九月九日憶山東兄弟〉詩〔唐〕王維

獨在異鄉為異客，每逢佳節倍思親。
遙知兄弟登高處，遍插茱萸少一人。

〈飲酒詩（其五）**〉**

住在人群密集的地方，卻沒有車馬的喧鬧。你問我怎麼做到的？其實，只要心情遠離塵俗，自然就覺得僻靜。在東籬下採菊花，遠處的南山映入眼簾。雲霧瀰漫，夕陽西落，景色美好，飛鳥也結伴歸還。領略到大自然的真趣，想要說出來，卻不知道該怎麼說才好。

〈九月九日憶山東兄弟〉

獨自流落在外當了異鄉客，每到佳節就加倍思念親人。今天是重陽節，在那遙遠的家鄉，兄弟們一定都登高望遠，他們佩帶著茱萸，獨獨少了我一個。

【灶王節】

〈祭灶詩〉 詩 〔宋〕呂蒙正

一碗清湯詩一篇，灶君今日上青天。
玉皇若問人間事，亂世文章不值錢。

〈送灶〉 詩 〔清〕謝學墉

忽聞爆竹亂書聲，香黍盛盤酒正盈。
莫向玉皇言善惡，勸君多食膠牙糖。

〈祭灶詩〉

一碗清湯配上一首詩，送灶神老爺您今天回到天庭。若是玉皇大帝問起人間的事，請告訴他，亂世裡寫出再好的文章也不值錢啊。

〈送灶〉

忽然聽聞爆竹聲響起，打亂了讀書的聲音，盤子裡盛著美味的粽子，酒杯也是滿的。請別對玉皇大帝說我家的壞話，灶王爺您多吃點美味的麥芽糖吧。

【除夕】

〈應詔賦得除夜〉詩 〔唐〕史青

今歲今宵盡，明年明日催。
寒隨一夜去，春逐五更來。
氣色空中改，容顏暗裡回。
風光人不覺，已著後園梅。

〈除夜雪〉詩 〔宋〕陸游

北風吹雪四更初，嘉瑞天教及歲除。
半盞屠蘇猶未舉，燈前小草寫桃符。

〈應詔賦得除夜〉
今年就在今晚結束了，明年被明天催促著到來。寒意隨著這除夕夜過去，春天跟著五更拂曉的日光降臨。空氣裡的氣味與顏色漸漸改變，人們的容顏也悄悄的變了。春光在不知不覺中來到，後園裡的梅花也已經綻放了。

〈除夜雪〉
四更天的時候，北風帶來一場大雪，除夕夜晚，上天賜給我們的瑞雪，預告來年會大豐收。還來不及舉起盛了半杯屠蘇酒的杯子慶賀新歲，我燈下用草字體趕著寫迎新春的桃符。

〈除夜野宿常州城外二首其一〉

詩 〔宋〕蘇軾

南來三見歲雲徂，直恐終身走道途。
老去怕著新曆日，退歸擬學舊桃符。
煙花已作青春意，霜雪偏尋病客須。
但把窮愁博長健，不辭最後飲屠蘇。

〈除夜野宿常州城外二首其一〉

來到江南已經過了三個除夕夜，真怕終身都要在路上奔走。年紀愈大愈怕看新的日曆，辭官歸鄉準備學寫舊時的桃符。自然景象已顯露出春天的意味，大地更新，多病異鄉客的鬍鬚被霜雪染白了。雖然日子過得窮愁潦倒，只希望身體長保健壯，身為最年長的人，我最後一個把屠蘇酒喝下。

日日好日　天天過節

【中華民國篇】

狗小圓：我們的節日好少。節日少，假日就少；假日少，我的心情就不好。

虎大歪：我們每年有一百一十多天假期，更別提你還有寒暑假。

狗小圓：外公說以前每到十月就有很多假日，可惜現在只剩國慶日。

虎大歪：外公有沒有跟你說，以前星期六還要上班上課半天？直到一九九八年才開始實施隔週休二日，二〇〇一年全面施行週休二日後，才取消部分國定假日，這三個階段我都體驗過，知道你有多幸福了吧。

狗小圓：我還知道你的年紀肯定不小。一九九八年，我爸媽都還不認識呢！

虎大歪：好你個狗小圓，我好心跟你說古談今，你還笑我年紀大。

狗小圓：你吃的鹽比我吃的米還多；你過的節比我過的日子還多，我哪敢笑你呢！

中華民國的特殊節日

一月
- 一月一日：元旦。
- 農曆十二月的最後一天：除夕。

二月
- 農曆正月初一：春節。
- 農曆正月十五日：元宵節。
- 二月二十八日：和平紀念日，紀念一九四七年二月二十八日爆發的二二八事件，一九九七年定為國定假日。

三月
- 三月八日：婦女節。
- 三月十二日：國父逝世紀念日／植樹節。
- 三月二十九日：革命先烈紀念日／青年節、中樞春祭。

四月
- 四月四日：兒童節。
- 四月四或五或六日：民族掃墓節／清明節。

五月
- 五月一日：勞動節。

六月
- 農曆五月初五：端午節。

八月
- 農曆七月十五日：中元節，各地都有中元普渡活動。

九月
- 九月三日：軍人節，紀念一九四五年對日八年抗戰勝利；中樞秋祭。
- 農曆八月十五日：中秋節。
- 九月二十八日：孔子誕辰紀念日／教師節。

十月
- 十月十日：國慶日。
- 農曆九月九日：重陽節。
- 十月二十五日：臺灣光復節。

十二月
- 十二月二十五日：行憲紀念日／聖誕節。

【中國篇】

狗小圓：中國和日本都有黃金週，這樣的放假方式好處多多，值得我們效法。

虎大歪：放假除了不用上班上課，還有什麼好處？

狗小圓：日本人口一億多，中國人口超過十四億，這麼多人同時出門吃喝玩樂，商家口袋賺飽飽，難怪會被稱做「黃金」週。

虎大歪：說得有理！不過他們十月黃金週假期結束後，得苦等到元旦才有假期。

狗小圓：十一、十二月也是我們的節日空窗期，一個節日都沒有，哭哭。

虎大歪：小圓你別哭，十一月有個節日專屬於你。這個源自中國的節日雖然不放假，不過已經演變成很多地方的購物狂歡節，你一定會喜歡。

狗小圓：別賣關子了，快說是什麼節。

虎大歪：你是單身狗，十一月十一日光棍節非你莫屬。

中國的特殊節日

一月
- 一月一日：元旦。

二月
- 農曆正月初一：春節。

三月
- 三月八日：國際勞動婦女節。
- 三月十二日：植樹節。

四月
- 四月四或五或六日：清明節。

五月
- 五月一日：勞動節。
- 五月四日：青年節（十四至二十八歲）。
- 五月十二日：護士節。

六月
- 六月一日：兒童節（未滿十四歲的少年兒童）。
- 農曆五月初五：端午節。

九月
- 農曆八月十五日：中秋節。
- 農曆九月九日：老人節／重陽節。
- 九月十日：教師節。

十月
- 十月一日：國慶日，通常會放長假，因此又稱為「十一黃金週」。

十一月
- 十一月十一日：光棍節，因數字「1」平行排列很像光滑的棍子，而「光棍」有單身的意思，所以又稱為「單身節」。

【香港篇】

狗小圓：香港為什麼跟歐美一樣，耶穌受難日和復活節都放假呢？

虎大歪：因為香港曾經是英國殖民地，當然會特別注重這兩個節日啦！

狗小圓：香港中秋節當天沒放假，中秋節隔天才放假，這個很新奇耶！

虎大歪：中秋節要賞月，慶祝活動多在晚上，歡樂度過中秋夜晚，第二天放假，很符合人性。而且香港人還會提花燈過中秋節，很特別吧！

狗小圓：元宵節看花燈才有意思，中秋節還是烤肉、吃月餅柚子配月亮才夠味。

虎大歪：欣賞「吳剛罰跪」，等著吃「玉兔搗麻糬」才夠嗆！

狗小圓：大歪好壞，就會雞蛋裡挑骨頭，專門找我麻煩，哼！不理你了。

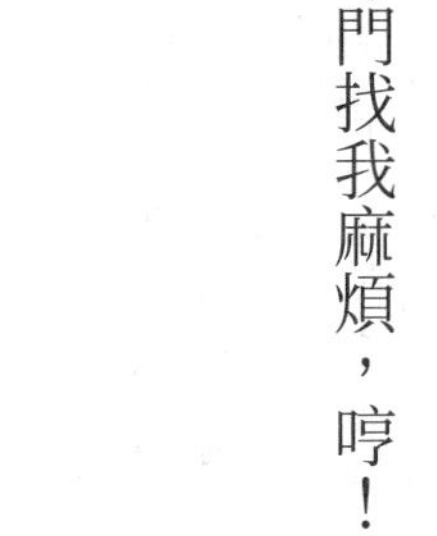

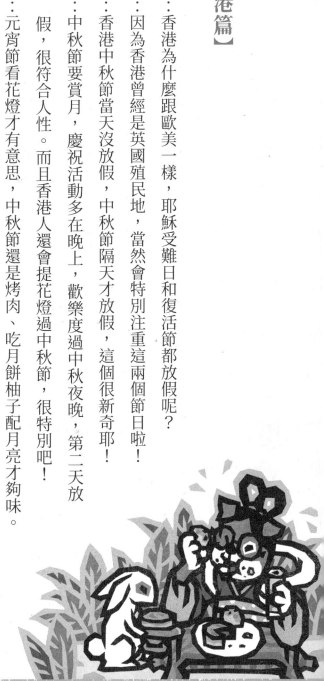

香港的特殊節日

一月	・一月一日：元旦。
二月	・農曆正月初一：春節。 ・農曆正月十五日：元宵節。
四月	・復活節前的星期五：耶穌受難日，也稱「聖週五」。 ・春分後第一次滿月後的第一個星期日：復活節，日期不固定，通常落在三月二十二日至四月二十五日之間。二〇二一年的復活節在四月四日。 ・四月四或五或六日：清明節。
五月	・五月一日：勞動節。 ・農曆四月八日：佛誕節，紀念佛祖釋迦牟尼誕辰，又稱「浴佛節」。
六月	・農曆五月初五：端午節。
七月	・七月一日：香港特別行政區成立紀念日。
九月	・農曆八月十五日：中秋節，中秋節當天不放假，隔天才放假。
十月	・十月一日：國慶日。 ・農曆九月九日：重陽節，又稱「秋祭」。
十二月	・十二月二十五日：聖誕節，慶祝耶穌誕生。

【澳門篇】

狗小圓：澳門的宗教節日比香港多，除了耶穌受難日和復活節，還多了追思已亡節和聖母無原罪瞻禮。

虎大歪：這是有歷史典故的：澳門曾經是葡萄牙的殖民地（自一五五七年到一九九九年十二月十九日），也是亞洲唯一把聖母瑪利亞無原罪瞻禮列為假日的地區。

狗小圓：難怪澳門的節日和香港很相似，除了節日中西並存，中秋節當天不放假，中秋節隔天放假也一樣。不過澳門人比較幸福，節日比較多，尤其是十二月下旬，感覺根本是放羊吃草，休假後就可以在家倒數等過年。

虎大歪：你太誇張了。不過澳門的節日確實比較多，清明和重陽是我們掃墓祭祖的日子，十一月初的諸聖節則是西方人追思亡魂的日子，澳門人的祖先也很幸福。

狗小圓：聽你說得我都想移民去澳門當賭神了。

虎大歪：想當賭神得先學好數學，你還是別作白日夢了。

澳門的特殊節日

一月
- 一月一日：元旦。
- 農曆十二月最後一天：除夕。

二月
- 農曆正月初一：春節。

四月
- 復活節前的星期五：耶穌受難日，也稱「聖週五」。
- 春分後第一次滿月後的第一個星期日：復活節，日期不固定，通常落在三月二十二日至四月二十五日之間。二〇二一年的復活節在四月四日。
- 四月四或五或六日：清明節。

五月
- 五月一日：勞動節。
- 農曆四月八日：佛誕節，紀念佛祖釋迦牟尼誕辰，又稱「浴佛節」。

六月
- 農曆五月初五：端午節。

九月
- 農曆八月十五日：中秋節，中秋節當天不放假，隔天才放假。

十月
- 十月一日：國慶日。
- 農曆九月九日：重陽節。

十一月
- 十一月二日：追思已亡節，天主教特別為亡者祈禱的節日。

十二月
- 十二月八日：聖母瑪利亞無原罪瞻禮，為天主教節慶之一，慶祝聖母瑪利亞獲得無原罪的恩賜。
- 十二月二十日：澳門特別行政區成立紀念日。
- 十二月二十一或二十二或二十三日：冬至。
- 十二月二十四日：聖誕節前日，稱為「平安夜」。
- 十二月二十五日：聖誕節，慶祝耶穌誕生。

【新加坡篇】

狗小圓：新加坡的節日讓我印象深刻，除了有基督教的節日，也有伊斯蘭教節日和印度教節日，兼容並蓄。

虎大歪：新加坡的移民有華人、馬來人和印度人，每個族群都有節日，當然不可偏廢。

狗小圓：「屠妖節」是我聽過名稱最酷的節日，雖然跟桓溫拿「降妖青龍劍」斬妖屠魔沒有關係，卻同樣有邪不勝正的意義。

虎大歪：屠妖節又稱「排燈節」，人們會點燈慶祝，希望用光明驅走黑暗。印度會放五天的長假，像過年一樣熱鬧。在新加坡、尼泊爾、新加坡、馬來西亞、緬甸、斐濟等地也都是法定假日。

狗小圓：每個國家都有特殊節日，而特別特殊的節日，就會成為很多國家的節日，真希望我們也有五天的屠妖節假期。

虎大歪：我們的春節有年獸和祟小妖，有時候假期還不止五天，你要知足。

新加坡的特殊節日

一月
- 一月一日：元旦。

二月
- 農曆正月初一：春節。

四月
- 復活節前的星期五：耶穌受難日，也稱「聖週五」。
- 春分後第一次滿月後的第一個星期日：復活節，日期不固定，通常落在三月二十二日至四月二十五日之間。二〇二一年的復活節在四月四日。

五月
- 五月一日：勞動節。
- 伊斯蘭曆十月一日：開齋節。伊斯蘭曆的第九個月是齋戒月，也稱「賴買單月」。齋戒月時，穆斯林早上晨禮後到日落期間禁止飲食或菸酒，而十月一日是開齋節，慶祝齋戒月結束。伊斯蘭曆一年只有三百五十四天，因此每年的開齋節都會比前一年提早十一天左右。二〇二一年的開齋節在五月十三日。
- 五月的第一個月圓日：衛塞節，又稱「佛誕節」，為南傳佛教紀念釋迦牟尼佛誕生、成道、入滅（涅槃）的節日。

七月
- 伊斯蘭曆十二月十日：哈芝節，又稱「宰牲節」。穆斯林會屠宰牲口（牛、羊和駱駝），肉除了自己吃，還要分送給窮人。二〇二一年的哈芝節在七月二十日。

八月
- 八月九日：國慶日。

十一月
- 印度曆的七、八月左右（通常在十月下旬或十一月上旬）：屠妖節，也稱「排燈節」或「光明節」。源自印度人們慶祝「以光明驅走黑暗，以善良戰勝邪惡」的節日，這一天在印度、尼泊爾、新加坡、馬來西亞等地都是法定假日。二〇二一年的屠妖節在十一月四日。

十二月
- 十二月二十五日：聖誕節，慶祝耶穌誕生。

【泰國篇】

狗小圓：泰國的節日好多，泰國人好幸福，其他地方遠遠比不上！

虎大歪：那是因為泰國有好多專屬於王室的紀念日：泰國國王登基放假，生日放假，王后生日放假，父王、母后的生日也都放假，其他地方的國王遠遠比不上。

狗小圓：泰國國王好威風，簡直就是國王界裡的國王，真希望我也能坐上那個位子，就算只是過幾天乾癮也好。

虎大歪：泰國有冒犯君主罪，你還是別亂說話。

狗小圓：小的知錯，希望他大人不計小人過。我愛說笑又老是說錯話，還是乖乖在家當宅男。

泰國的特殊節日

一月	‧一月一日：元旦。
二月	‧泰曆三月十五日：萬佛節，相傳為釋迦摩尼佛悟道後的月圓日，有一千多位來自各地的僧侶前來聆聽佛祖闡述佛法。二〇二一年的萬佛節在二月二十六日。
四月	‧四月六日：國慶日，又稱「曼谷王朝／卻克里王朝開國日」。 ‧四月十三至十五日：宋干節，又稱「潑水節」，是泰國的新年，頭兩天去舊，最後一天迎新。
五月	‧五月一日：勞動節。 ‧五月四日：泰皇登基紀念日。 ‧五月的雨季：春耕節，皇家領導人會在曼谷皇家田舉行春耕儀式，祈禱一年風調雨順、五穀豐收。 ‧泰曆六月十五日：佛誕節，紀念佛祖釋迦牟尼誕生、成道、入滅（涅槃）的節日。
七月	‧泰曆八月十五日：三寶佛節，紀念佛祖釋迦牟尼佛第一次講道。二〇二一年的三寶佛節在七月二十四日。 ‧泰曆八月十六日：守夏節，源於佛祖釋迦牟尼在萬物成長的季節禁止僧侶外出化緣，避免踩踏莊稼。二〇二一年的守夏節在七月二十六日。 ‧七月二十八日：國王誕辰日，為現任泰皇瑪哈・瓦集拉隆功的生日，又稱「萬壽節」。
八月	‧八月十二日：皇太后誕辰／泰國的母親節。
十一月	‧泰曆十二月十五日：泰國水燈節，除了放水燈，很多地方也會放天燈。二〇二一年的水燈節在十一月二十日。
十二月	‧十二月五日：已故泰皇拉瑪九世蒲美蓬誕辰／泰國的父親節。

【菲律賓篇】

狗小圓：菲律賓的節日好多，看得我頭昏眼花。

虎大歪：西班牙一年有兩百多個節日，所以曾經是西班牙殖民地的菲律賓（自一五九四年到一八九八年六月十二日），節日多也不奇怪。

狗小圓：他們的黑色納匝肋耶穌遊行和我們農曆三月的媽祖遶境很像，更巧的是，我們也有黑面媽祖！

虎大歪：無論媽祖或是耶穌，都是人民心靈的寄託，偶爾出巡遶境，既能夠安撫民心，也可以吸引信徒朝拜。

狗小圓：聽說菲律賓人從九月就開始為聖誕節做準備，別人過聖誕節，他們過聖誕季。

虎大歪：九、十、十一、十二這四個月分的英文字都是「ber」結尾，他們把這段期間稱為「Ber Months」，聖誕季從九月開始，十二月結束。

狗小圓：真希望我們也有四個月的新年季！

菲律賓的特殊節日

一月

- 一月一日：元旦。
- 一月九日：黑色納匝肋遊行日，黑色耶穌像盛大遊行活動。
- 一月的第三個星期日：阿替・阿替漢節，菲律賓最老的節慶，歷時一週，是一年中最精采熱鬧的慶典。

二月

- 二月二十四日：宿霧憲章日。
- 二月二十五日：EDSA 革命周年紀念日，導致總統馬可仕政府下臺的示威抗爭。

四月

- 復活節前的星期四：濯足節，紀念耶穌基督最後晚餐，建立聖體聖事、為宗徒洗腳。
- 復活節前的星期五：耶穌受難日，也稱「聖週五」。
- 四月九日：勇者紀念日。

五月

- 五月一日：勞動節。

六月

- 六月十二日：國慶日。

八月

- 八月二十一日：尼諾・艾奎諾紀念日，一九八三年反對黨領袖尼諾・艾奎諾在機場遭暗殺身亡。
- 八月的最後一個星期一：國家英雄日。

十一月

- 十一月一日：諸聖節，天主教敬禮聖人的節日。
- 十一月二日：追思已亡節，天主教為亡者祈禱的節日。
- 十一月三十日：博尼法西奧紀念日，紀念反西班牙殖民統治的革命之父博尼法西奧。

十二月

- 十二月二十五日：聖誕節，慶祝耶穌誕生。
- 十二月三十日：黎剎紀念日，紀念菲律賓獨立的民族英雄，黎剎。

【越南篇】

虎大歪：越南受中華文化影響，節日和我們差不多，只是有放假的節日少，扣掉除夕和春節，只剩五個國定假日，很多地方只有週休一日，星期六也要上班。

狗小圓：整個亞洲受中華文化影響，在中秋節提燈籠過節的國家不少。不過把中秋當兒童節過的，大概只有越南。我還注意到越南有兩個婦女節呢。

虎大歪：在越南，婦女節不只是婦女節，還兼具母親節、情人節、教師節，是向所有女性表達感謝和敬意的日子，雖然不放假，卻會盛大慶祝。

狗小圓：如果是這樣，婦女節兩個還算少，我們光是情人節就得過兩次了。

越南的特殊節日

一月
- 一月一日：元旦。
- 農曆十二月的最後一天：除夕。

二月
- 農曆十二月二十三日：灶王節。
- 農曆正月初一：春節，春節連假是越南最長的假期。
- 農曆正月十五日：元宵節。

三月
- 三月八日：國際婦女節。

四月
- 農曆三月十日：雄王紀念日，傳說是雄王建立了越南民族第一個國家。越南清明節不放假，很多人在這一天掃墓。
- 四月三十日：解放南方統一日，紀念「西貢解放」和南北越統一。

五月
- 五月一日：勞動節。

六月
- 農曆五月初五：端午節。

八月
- 農曆七月十五日：中元節。

九月
- 九月二日：國慶日。
- 農曆八月十五日：中秋節，又稱「望月節」，也算是越南的兒童節，大人會為小孩準備鯉魚或星星燈籠、面具、月餅等，小朋友聚在一起玩耍，提燈籠上街看舞獅，非常熱鬧。

十月
- 十月二十日：越南婦女節。

【印尼篇】

狗小圓：印尼和新加坡一樣，有多元族群，宗教也多樣，兼容並蓄。

虎大歪：印尼規定公民都要有宗教信仰，還要印在身分證上。印尼憲法保障宗教自由，不過政府只認可六種官方宗教，身分證上的宗教欄位必須從這六個宗教中擇一。

狗小圓：那如果是無神論者或是有其他宗教信仰，宗教欄可以留白嗎？

虎大歪：可以留白，不過求學和找工作時，處境會比較艱困。幸好，在二〇一七年，印尼憲法法院已經裁決這樣的規定與憲法不符。

狗小圓：印尼人口超過二億六千八百萬人，信奉回教的穆斯林超過兩億，是回教徒人口最多的國家，卻能夠尊重其他宗教的節日，很值得佩服。

虎大歪：說到回教徒，還有一點要注意，他們以「右手為尊、左手為卑」，拿東西給他們時，要用右手才不會失禮喔。

狗小圓：透過節日了解各地文化，真是太有趣了。

印尼的特殊節日

一月
- 一月一日：元旦。

二月
- 農曆正月初一：春節。

三月
- 伊斯蘭曆七月二十七日：登宵節，也稱「升天日」，紀念伊斯蘭教創始人穆罕默德顯現的神蹟。二〇二一年的登宵節在三月十一日。
- 峇厘島薩卡曆十月一日：靜居日，又稱「靜心節」，是峇厘印度教新年。和一般年節喜慶不同，靜居日不慶祝，民眾在家靜坐冥思，還有四禁：不生火（開燈）、不工作、不出門、無娛樂活動。二〇二一年的靜居日在三月十四日。

四月
- 四月二十一日：卡爾蒂尼日／婦女節，紀念印尼婦女運動先驅卡爾蒂尼的生日。

五月
- 伊斯蘭曆十月一日：開齋節，二〇二一年的開齋節在五月十三日。
- 復活節後四十日：耶穌升天節，紀念耶穌於復活後第四十天升天。二〇二一年的耶穌升天節在五月十三日。

六月
- 六月一日：建國五基誕生日，一九四五年的六月一日，前印尼總統蘇加諾提出了印尼建國五基原則。

八月
- 伊斯蘭曆一月一日：伊斯蘭新年，又稱「阿拉伯新年」，新的伊斯蘭曆年開始。二〇二一年的伊斯蘭新年節在八月十日。
- 八月十五日：聖母升天節，慶祝聖母瑪利亞靈魂肉身升天。
- 八月十七日：國慶日。

十月
- 伊斯蘭曆三月十二日：回教先知穆罕默德誕辰，又稱「聖紀節」。二〇二一年的穆罕默德誕辰在十月十九日。

十二月
- 十二月二十五日：聖誕節，慶祝耶穌誕生。

【馬來西亞篇】

狗小圓：實話跟你說，上網查了馬來西亞的節日後，我直接舉雙手投降，光是蘇丹誕辰日就有十多個，看得我眼花瞭亂。

虎大歪：馬來西亞是一個包含十三個州和三個聯邦直轄區的聯邦國家，聯邦和州政府有權將特定的日期列為假日，像是元首登基、加冕、誕辰……

狗小圓：我知道了，馬來西亞人大多信仰伊斯蘭教，而「蘇丹」是回教國家對君主的尊稱，難怪會有那麼多不同日子的蘇丹誕辰。我還有個疑問：為什馬來西亞和新加坡的節日很像？

虎大歪：這兩個國家是鄰居，新加坡在獨立建國前，曾經是馬來西亞聯邦的一部分，馬來人、華人和印度人占人口多數，只是比例不同，所以過的節日也差不多。

狗小圓：聽君一席話，勝讀十年書。我發現節日不只是節日，還藏著很多祕密，只是我們一直沒發現。

虎大歪：是你一直沒發現，因為你只注重節日美食，沒發現節日趣事呀！

馬來西亞的特殊節日

一月

- 一月一日：元旦。
- 印度古曆「泰月」的滿月日（通常在一到二月）：大寶森節，慶祝戰神穆魯干生日，被視為感恩、懺悔、贖罪及再次許願的節日。二〇二一年的大寶森節在一月二十八日。

二月

- 農曆正月初一：春節。

四月

- 復活節前的星期五：耶穌受難日，也稱「聖週五」。
- 春分後第一次滿月後的第一個星期日：復活節，日期不固定，通常落在三月二十二日至四月二十五日之間。二〇二一年的復活節在四月四日。

五月

- 五月的第一個月圓日：衛塞節，又稱「佛誕節」，為南傳佛教紀念釋迦牟尼佛誕生、成道、入滅（涅槃）的節日。
- 五月三十日及三十一日：豐收節。

七月

- 七月七日：喬治市世界遺產日，紀念檳城喬治市和麻六甲市於二〇〇八年七月七日成為世界文化遺產。
- 伊斯蘭曆十二月十日：哈芝節，又稱「宰牲節」。穆斯林會屠宰牲口（牛、羊和駱駝），肉除了自己吃，還要分送給窮人。二〇二一年的哈芝節在七月二十日。

八月

- 伊斯蘭曆一月一日：伊斯蘭新年，又稱「阿拉伯新年」，新的伊斯蘭曆年開始。二〇二一年的伊斯蘭新年節在八月十日。
- 八月三十一日：國慶日／獨立日，紀念一九五七年馬來西亞脫離英國獨立。

九月

- 九月十六日：馬來西亞日，紀念馬來西亞聯邦成立。

十二月

- 十二月二十五日：聖誕節，慶祝耶穌誕生。

【日本篇】

狗小圓：日本的節日常常定在星期一，真湊巧！

虎大歪：因為日本採用「快樂星期一制度」，把幾個原來是固定日期的節日移到星期一，湊成三天連假。

狗小圓：如果我是立法委員，一定要提案把所有假期改到星期一，這麼一來，星期一症候群肯定大大減少。

虎大歪：你這樣只是讓星期一症候群變成星期二症候群，治標不治本。

狗小圓：日本的節日很特別，除了有綠之日、山之日、海之日，春分、秋分還放假，節日好玩又有趣。臺灣四面環海，也該定個要放假的海洋日，我才能去海水浴場玩水、堆沙堡。

虎大歪：如果真有海洋日，你得和我去撿垃圾淨灘，保護海洋與沙灘……小圓別逃，我話還沒說完。

日本的特殊節日

一月	・一月一日：元旦。
二月	・二月三日前後：節分，原指立春、立夏、立秋、立冬的前一天，現在多指立春前一天。人們會一邊喊著「鬼出去」，一邊在家門外灑豆子，驅趕邪氣。神社或寺廟舉辦盛大的灑豆活動，稱為「節分祭」。 ・二月十一日：建國紀念日。
三月	・三月三日：女兒節，又稱「上巳節」、「人偶節」。
四月	・四月二十九日：昭和日，紀念已故昭和天皇裕仁冥誕。從昭和日到兒童節間有許多節日，形成一週左右的連假，又稱「黃金週」。
五月	・五月三日：憲法紀念日。 ・五月四日：綠之日，或稱「植物園之日」。 ・五月五日：兒童節／端午節，有吃柏餅和粽子，和為家中男孩懸掛鯉魚旗的習俗。
七月	・七月的第三個星期一：海之日。
八月	・八月十一日：山之日。 ・八月十三到十六日：盂蘭盆節假期，源自中元節，人們會返鄉祭祖。
九月	・九月的第三個星期一：敬老日。
十月	・十月的第二個星期一：體育之日，自 2020 年改為「運動日」。
十一月	・十一月三日：文化日。 ・十一月十五日：七五三節。 ・十一月二十三日：勤勞感謝日，即勞動節。
十二月	・十二月三十一日：大晦日，即日本的除夕，寺院會敲一百零八響「除夕之鐘」祈福。

【韓國篇】

狗小圓：韓國有夫妻節，而且父親節和母親節在同一天，夫妻兩個相親相愛，一起過節，這樣的民族拍出來的電視劇，難怪奶奶和媽媽都喜歡，都愛追韓劇。

虎大歪：韓國的中秋節又稱「秋夕」，是韓國最重要的節日之一，這一天他們會闔家團圓、祭祖掃墓，跟我們過春節一樣盛大。

狗小圓：韓國人中秋節不吃月餅配柚子，也不烤肉，他們吃「松餅」。

虎大歪：中秋節吃「鬆餅」？跟歐美人士學的嗎？

狗小圓：不是「鬆餅」而是「松餅」。在圓形麵糰裡塞入芝麻、花生、栗子等內餡，做成半月形狀，用松葉做襯底而蒸出的「松餅」，再配上海鮮煎餅，吃甜配鹹，滋味好棒。

韓國的特殊節日

一月
- 一月一日：元旦。

二月
- 農曆正月初一：春節。

三月
- 三月一日：三一節，大規模反抗日韓合併的三一獨立運動周年紀念日。

五月
- 農曆四月八日：佛誕節。
- 五月五日：兒童節。
- 五月八日：父母節，韓國的父親節和母親節在同一天。
- 五月的第三個星期一：成年日，在韓國，年滿十九歲就算成年。
- 五月二十一日：夫妻節。

六月
- 農曆五月初五：端午節，江原道地區的江陵端午祭，被列入聯合國教科文組織非物質文化遺產。
- 六月六日：顯忠日，向陣亡將士獻祭，在首爾國立公墓舉行紀念儀式。

八月
- 八月十五日：光復節，紀念一九四五年八月十五日，韓國從日本統治中獨立。
- 農曆七月七日：七夕。
- 農曆七月十五日：盂蘭盆節。

九月
- 農曆八月十五：中秋節，韓國最重大的節日之一，要返鄉掃墓與祭祖。

十月
- 十月三日：開天節，紀念韓國神話中的檀君，韓國學者聲稱檀君於西元前二三三三年，建立了第一個朝鮮族國家。
- 十月九日：韓文日，又稱「諺文日」，紀念一四四六年朝鮮王朝頒布訓民正音。

十二月
- 十二月二十五日：聖誕節，慶祝耶穌誕生。

【美國篇】

狗小圓：美國的節日大多在星期一，可以連放三天，真是太讚了！

虎大歪：那是因為美國有統一假期法案，把許多聯邦假日改到最接近的星期一。不過，感恩節、新年、獨立紀念日和聖誕節，這幾個節日可就不能隨便亂動啦。

狗小圓：其中有個土撥鼠日，這是什麼怪節日？

虎大歪：傳說土撥鼠可以預測春天，二月二日那天，土撥鼠從冬眠醒來、爬出洞口後，如果被自己的影子嚇得躲回洞裡繼續冬眠，就表示冬天還會持續至少六個禮拜；如果土撥鼠出洞這天是陰天，看不見影子，土撥鼠就會鑽出洞穴、結束冬眠，就也代表春天的腳步近了。

狗小圓：這麼簡單！我也會預測，你快想辦法幫我設立「狗小圓日」，我們就可以多放一天假了。

虎大歪：土撥鼠日純屬好玩，沒有放假。如果你先成為偉大的傳奇人物，進而改變歷史，那「狗小圓日」就指日可待了。

美國的特殊節日

一月
- 一月一日：元旦。
- 一月的第三個星期一：人權領袖馬丁・路德・金恩博士誕辰。

二月
- 二月二日：土撥鼠日。
- 二月的第三個星期一：總統節，紀念首任美國總統喬治・華盛頓的生日，一八七九年由國會確立。

三月
- 復活節前的星期五：耶穌受難日，也稱「聖週五」。
- 春分後第一次滿月後的第一個星期日：復活節，日期不固定，通常落在三月二十二日至四月二十五日之間。二〇二一年的復活節在四月四日。

五月
- 五月的第二個星期日：母親節。
- 五月的最後一個星期一：陣亡將士紀念日，原為紀念在南北戰爭中陣亡的士兵，後擴展到紀念所有因戰爭犧牲的官兵。

六月
- 六月的第三個星期日：父親節。

七月
- 七月四日：國慶日，紀念《獨立宣言》於一七七六年七月四日發表和美國的建立。

九月
- 九月的第一個星期一：勞動節，向工作者表達敬意，紀念工人運動的成就。

十月
- 十月的第二個星期一：哥倫布日，紀念哥倫布於一四九二年十月十二日發現美洲新大陸。
- 十月三十一日：萬聖節。

十一月
- 十一月十一日：退伍軍人節。
- 十一月的第四個星期四：感恩節，慶祝秋季收穫，民眾一般烹調火雞大餐彼此分享。

十二月
- 十二月二十五日：聖誕節，慶祝耶穌誕生。

國家圖書館出版品預行編目 (CIP) 資料

說學逗唱，認識節日：虎大歪說節日緣起，狗小圓吃慶典美食 / 王家珍著；洪福田繪 . -- 初版 . -- 新北市：字畝文化出版：遠足文化發行，2020.11
面；　公分
ISBN 978-986-5505-43-1(平裝)
1. 節日 2. 通俗作品
538.5　　109015167

故事如數家珍

說學逗唱，認識節日

虎大歪說節日緣起，狗小圓吃慶典美食

作　　者｜王家珍
繪　　者｜洪福田

字畝文化創意有限公司
社　　長｜馮季眉
責任編輯｜戴鈺娟
主　　編｜許雅筑、鄭倖伃
編　　輯｜陳心方、李培如
封面設計｜張湘華
內頁設計｜張簡至真
出　　版｜字畝文化／遠足文化事業股份有限公司
發　　行｜遠足文化事業股份有限公司（讀書共和國出版集團）
地　　址｜231 新北市新店區民權路 108-2 號 9 樓
電　　話｜(02)2218-1417
傳　　真｜(02)8667-1065
客服信箱｜service@bookrep.com.tw
網路書店｜www.bookrep.com.tw
團體訂購請洽業務部 (02) 2218-1417 分機 1124
法律顧問｜華洋法律事務所　蘇文生律師
印　　製｜中原造像股份有限公司

2020 年 11 月　初版一刷　定價：400 元
2023 年 9 月　初版三刷
ISBN 978-986-5505-43-1　書號：XBJI0002

福

旺